La Struttura Logica del Comportamento Umano

Michael Starks

DALLA RICERCA DECISIONALE

	Disposizione*	Emozione	Memoria	Percezione	Desiderio	PI**	IA***	Azione/Parola
Effetti subliminali	No	Sì/No	Sì	Sì	No	No	No	Sì/No
Associativo/Basato su Regole	BR	A/BR	A	A	A/BR	BR	BR	BR
Dipendente dal Contesto/Astratto	A	DC/A	DC	DC	DC/A	A	DC/A	DC/A
Seriale/Parallelo	S	S/P	P	P	S/P	S	S	S
Euristica/Analitica	A	E/A	E	E	E/A	A	A	A
Esigenze Lavorando Memoria	Sì	No	No	No	No	Sì	Sì	Sì
Dipendente dall'intelligence generale	Sì	No	No	No	Sì/No	Sì	Sì	Sì
Caricamento cognitivo Inibisce	Sì	Sì/No	No	No	Sì	Sì	Sì	Sì
L'eccitazione facilita o inibisce	I	F/I	F	F	I	I	I	I

Reality Press   Las Vegas

ISBN: 978-1-951440-40-4

Prima edizione 2020

" Ma non ho avuto la mia foto del mondo soddisfacendomi della sua correttezza: né ce l'ho perché sono soddisfatto della sua correttezza. No: è lo sfondo ereditato in cui distinguo tra vero e falso." OC Di Wittgenstein 94

"Ora, se non sono le connessioni causali di cui ci occupiamo, allora le attività della mente ci si aprono di fronte." Wittgenstein "Il libro blu" p6 (1933)

"Sciocchezze, sciocchezze, perché si stanno facendo supposizioni invece di descrivere semplicemente. Se la tua testa è perseguitata da spiegazioni qui, stai trascurando di ricordarti i fatti più importanti." Wittgenstein - 220

"La filosofia ci mette semplicemente tutto davanti a noi e non spiega né deduce nulla... Si potrebbe dare il nome di "filosofia" a ciò che è possibile prima di tutte le nuove scoperte e invenzioni." Wittgenstein PI 126

"Quello che stiamo fornendo sono in realtà osservazioni sulla storia naturale dell'uomo, non curiosità; tuttavia, ma piuttosto osservazioni su fatti che nessuno ha messo in dubbio e che sono solo non osservati perché sono sempre davanti ai nostri occhi". RfM di Wittgenstein I p142

"Lo scopo della filosofia è quello di erigere un muro nel punto in cui la lingua si ferma comunque." Occasioni Filosofiche di Wittgenstein p187

"Il limite del linguaggio è dimostrato dall'impossibilità di descrivere un fatto che corrisponde a (è la traduzione di) una frase senza semplicemente ripetere la frase (questo ha a che fare con la soluzione kantiana al problema della filosofia)." Wittgenstein CV p10 (1931)

"Il pericolo più grande qui è voler osservare se stessi." LWPP1, 459

"Un processo macchina potrebbe causare un pensieroproc? La risposta è: sì. Infatti, solo un processo macchina può causare un processo di pensiero, e 'calcolo' non nomina un processo macchina; nomina un processo che può essere, e in genere è, implementato su una macchina." Searle PNC p73

"... la caratterizzazione di un processo come computazionale è una caratterizzazione di un sistema fisico dall'esterno; e l'identificazione del processo come computazionale non identifica una caratteristica intrinseca della fisica, è essenzialmente una caratterizzazione relativa dell'osservatore." Searle PNC p95

"L'argomento della stanza cinese ha dimostrato che la semantica non è intrinseca alla sintassi. Ora sto facendo il punto separato e diverso che la sintassi non è intrinseca alla fisica." Searle PNC p94

"Il tentativo di eliminare l'homunculus fallacy attraverso la decomposizione ricorsiva fallisce fallisce fallisce, perché l'unico modo per ottenere la sintassi intrinseca alla fisica è quello di mettere un homunculus in fisica." Searle PNC p97

"Ma non si può spiegare un sistema fisico come una macchina da scrivere o un cervello identificando un modello che condivide con la sua simulazione computazionale, perché l'esistenza del modello non spiega come il sistema funziona effettivamente come sistema fisico. ... In sintesi, il fatto che l'attribuzione della sintassi non identifichi ulteriori poteri causali è fatale per l'affermazione che i programmi forniscono spiegazioni causali di cognizione... C'è solo un meccanismo fisico, il cervello, con i suoi vari livelli di descrizione reali fisici e fisici/mentali." Searle PNC p101-103

"In breve, il senso di "elaborazione delle informazioni" che viene utilizzato nella scienza cognitiva è a un livello troppo alto di astrazione per catturare la realtà biologica concreta dell'intenzionalità intrinseca... Siamo accecati da questa differenza dal fatto che la stessa frase 'Vedo una macchina venire verso di me', può essere utilizzato per registrare sia l'intenzionalità visiva che l'output del modello computazionale della visione... nel senso di 'informazione' utilizzata nella scienza cognitiva, è semplicemente falso dire che il cervello è un dispositivo di elaborazione delle informazioni." Searle PNC p104-105

"Ci possono essere ragioni di azione che sono vincolanti per un agente razionale proprio in virtù della natura del fatto riportato nella dichiarazione del motivo, e indipendentemente dai desideri, dai valori, dagli atteggiamenti e dai desideri dell'agente

Giudizi? ... Il vero paradosso della discussione tradizionale è che cerca di porre la ghigliottina di Hume, la rigida distinzione di fatto-valore, in un vocabolario, il cui uso presuppone già la falsità della distinzione". Searle PNC p165-171

"... tutte le funzioni di status e quindi tutta la realtà istituzionale, ad eccezione del linguaggio, sono create da atti vocali che hanno la forma logica delle Dichiarazioni... le forme della funzione di status in questione sono quasi invariabilmente di poteri deontici... riconoscere qualcosa come un diritto, un dovere, un obbligo, un requisito e così via è riconoscere un motivo di azione... queste strutture deontiche rendono possibili ragioni indipendenti dal desiderio per l'azione... Il punto generale è molto chiaro: la creazione del campo generale delle ragioni d'azione basate sul desiderio presupponeva l'accettazione di un sistema di motivi d'azione indipendenti dal desiderio". Searle PNC p34-49

"Alcune delle caratteristiche logiche più importanti dell'intenzionalità sono al di là della portata della fenomenologia perché non hanno una realtà fenomenologica immediata... Perché la creazione di significato per inutilità non è vissuta consapevolmente... non esiste... Questo è... l'illusione fenomenologica. Searle PNC p115-117

"La coscienza è causalmente riducibile ai processi cerebrali... e la coscienza non ha poteri causali propri oltre ai poteri causali della neurobiologia sottostante... Ma la riducibilità causale non porta alla riducibilità ontologica... la coscienza esiste solo come esperto... e quindi non può essere ridotto a qualcosa che ha un'ontologia in terza persona, qualcosa che esiste indipendentemente dalle esperienze." Searle PNC 155-6

"... la relazione intenzionale di base tra la mente e il mondo ha a che fare con condizioni di soddisfazione. E una proposta è qualsiasi cosa che possa essere in una relazione intenzionale con il mondo, e poiché queste relazioni intenzionali determinano sempre condizioni di soddisfazione, e una proposizione è definita come qualsiasi cosa sufficiente a determinare le condizioni di soddisfazione, si scopre che tutta l'intenzionalità è una questione di proposizioni." Searle PNC p193

Prefazione

"Chi capisce babbuino farebbe di più verso la metafisica di Locke" Charles Darwin 1838 Notebook M

Questo libro parla del comportamento umano (come lo sono tutti i libri di chiunque su qualsiasi cosa), e quindi sui limiti di avere una recente discendenza di scimmie (8 milioni di anni o molto meno a seconda del punto di vista) e parole e azioni manifeste nel quadro della nostra psicologia innata come presentato nella tabella dell'intenzionalità. Come dice il famoso evoluzionista Richard Leakey, è fondamentale tenere a mente non che ci siamo evoluti dalle scimmie, ma che in ogni modo importante, siamo scimmie. Se a tutti venisse data una reale comprensione di questo (cioè dell'ecologia umana e della psicologia per dare loro un certo controllo su se stessi), forse la civiltà avrebbe una possibilità. Tuttavia, come stanno le cose, i leader della società non hanno più comprensione delle cose dei loro elettori e quindi il collasso nell'anarchia e la dittatura è inevitabile.

Al fine di fornire una panoramica della struttura logica del comportamento umano di ordine superiore, cioè della psicologia descrittiva del pensiero di ordine superiore (mente, coscienza, linguaggio, razionalità, personalità, intenzionalità), o seguendo Wittgenstein, di giochi linguistici, do un sondaggio critico di alcuni dei principali risultati di Ludwig Wittgenstein e John Searle, prendendo come punto di partenza la scoperta fondamentale di Wittgenstein -che tutti veramente 'filosofici' (cioè. , i problemi psicologici di ordine superiore sono gli stessi, confusione su come utilizzare il linguaggio in un particolare contesto, e quindi tutte le soluzioni sono le stesse, guardando come il linguaggio può essere utilizzato nel contesto in questione in modo che le sue condizioni di verità (Condizioni di Soddisfazione o COS) siano chiare. Il problema di base è che si può dire qualsiasi cosa, ma non si può significare (indicare chiaramente COS per) qualsiasi espressione arbitraria e significato è possibile solo in un contesto molto specifico. Appoggio un'analisi dalla recente prospettiva moderna dei due sistemi di pensiero, impiegando una nuova tabella di intenzionalità e una nuova nomenclatura a doppio sistema.

È fondamentale capire perché ci comportiamo come facciamo noi e quindi cerco di descrivere (non spiegare come Wittgenstein ha insistito) il comportamento. Comincio con una breve rassegna della struttura logica della razionalità, che fornisce alcune euristiche per la descrizione del linguaggio (mente, razionalità, personalità) e dà alcuni suggerimenti su come questo si riferisce all'evoluzione del comportamento sociale. Questo è incentrato sui due scrittori che ho trovato il più importante a questo proposito, Ludwig Wittgenstein e John Searle, le cui idee mi unisco e estendo all'interno del quadro del sistema duale (due sistemi di pensiero) che si è dimostrato così utile nella recente comprensione del comportamento e nella ricerca di pensiero e ragionamento. Come faccio notare, a mio parere c'è essenzialmente una sovrapposizione completa tra la filosofia, nel senso stretto delle domande durature che riguardano la disciplina accademica e la psicologia descrittiva del pensiero di ordine superiore (comportamento). Una volta che si è capito che c'è solo la questione di come il gioco della lingua deve essere giocato, si determina le condizioni di soddisfazione (ciò che rende una dichiarazione vera o soddisfatta ecc.) e che è la fine della discussione.

Poiché i problemi filosofici sono il risultato della nostra psicologia innata, o come ha detto Wittgenstein, a causa della mancanza di perspicuità del linguaggio, corrono in tutto il discorso e del comportamento umano, quindi c'è un bisogno infinito di analisi filosofiche, non solo nelle 'scienze umane' della filosofia, della sociologia, dell'antropologia, della scienza politica, della psicologia, della storia, della letteratura, della religione, ecc., ma nella fisica delle 'scienze dure' della fisica della "scienza dura" della fisica della fisica matematica e biologia. È universale mescolare le domande del gioco del linguaggio con quelle scientifiche reali su quali siano i fatti empirici. Lo scientismo è sempre presente, e il maestro ce l'ha posta molto tempo fa, cioè Wittgenstein (qui dopo W) a partire dai libri blu e marroni nei primi anni '30.

"I filosofi vedono costantemente il metodo della scienza davanti ai loro occhi e sono irresistibilmente tentati di porre e rispondere alle domande come fa la scienza. Questa tendenza è la vera fonte della metafisica e conduce il filosofo in completa oscurità."

(BBB p18)

Tuttavia, una reale comprensione del lavoro di Wittgenstein, e quindi di come funziona la nostra psicologia, sta cominciando a diffondersi solo nella seconda decade del XXI secolo, a causa soprattutto di P.M.S. Hacker (qui dopo H) e Daniele Moyal-Sharrock (d'ora in poi DMS), ma anche a molti altri, alcuni dei più importanti dei quali ho citato negli articoli.

Horwich dà la sintesi più bella che abbia mai visto di dove ci lascia una comprensione di Wittgenstein.
"Non ci deve essere alcun tentativo di spiegare la nostra attività linguistico/concettuale (PI 126) come nella riduzione dell'aritmetica di Frege alla logica; nessun tentativo di dargli basi epistemologiche (PI 124) come nei resoconti basati sul significato di una conoscenza a priori; nessun tentativo di caratterizzarne le forme idealizzate (PI 130) come nelle logiche del senso; nessun tentativo di riformarlo (PI 124, 132) come nella teoria degli errori di Mackie o nell'intuizione di Dummett; nessun tentativo di snellirla (PI 133) come nel racconto dell'esistenza di Quine; nessun tentativo di renderlo più coerente (PI 132) come nella risposta di Tarski ai paradossi bugiarsali; e nessun tentativo di renderlo più completo (PI 133) come nel sistemare le questioni di identità personale per scenari di 'teletrasporto' ipotetici bizzarri."

Anche se ci sono innumerevoli libri e articoli su Wittgenstein, a mio parere solo alcuni molto recenti (DMS, H, Coliva ecc.) si avvicinano a un pieno apprezzamento di lui, nessuno fa un serio tentativo di mettere in relazione il suo lavoro con uno degli altri geni moderni del comportamento John Searle (qui dopo S) e nessuno ha applicato i potenti due sistemi di pensiero alle questioni filosofiche dal punto di vista della psicologia evolutiva. Cerco di farlo qui.

Fornisco un'indagine critica di alcuni dei principali risultati di Wittgenstein e Searle sulla struttura logica dell'intenzionalità (mente, linguaggio, comportamento), prendendo come punto di partenza la scoperta fondamentale di Wittgenstein –che tutti i problemi veramente filosofici sono gli stessi, confusioni su come utilizzare il linguaggio in un particolare contesto, e quindi tutte le soluzioni sono le stesse, guardando a come il linguaggio può essere utilizzato nel contesto in questione in modo che le sue condizioni di verità (Condizioni di soddisfazione o COS) siano Chiaro. Il problema di base è che si può dire qualsiasi cosa, ma non si può significare (dichiarare chiaro COS per) qualsiasi espressione arbitraria e significato è possibile solo in un contesto molto specifico. Analizzo vari scritti da e su di loro dal punto di vista dei due sistemi di pensiero, impiegando una nuova tabella di intenzionalità e nuova nomenclatura a doppio sistema.

Quando ho letto 'On Certainty' qualche anno fa l'ho caratterizzata in una recensione come la Pietra di Filosofia e Psicologia della Fondazione e il documento più basilare per comprendere il comportamento, e nello stesso periodo DMS stava scrivendo articoli notando che aveva risolto il problema epistemologico millenario di come possiamo sapere qualcosa per certo. Mi sono reso conto che W è stato il primo a comprendere ciò che è ora caratterizzato come i due sistemi o sistemi duali di pensiero, e ho generato una terminologia dual systems (S1 e S2) che ho trovato essere molto potente nel descrivere il comportamento. Ho preso il piccolo tavolo che John Searle (qui di seguito S) aveva usato, ampliato notevolmente, e ho scoperto in seguito che si integrava perfettamente con il quadro utilizzato da vari lavoratori attuali nel pensiero e nel ragionamento della ricerca.

Dal momento che sono stati pubblicati singolarmente, ho cercato di rendere le recensioni dei libri e gli articoli in piedi da soli, nella misura del possibile, e questo spiega la ripetizione di varie sezioni, in particolare la tabella e la sua spiegazione. Comincio con un breve articolo che presenta la tabella dell'intenzionalità e descrive brevemente la sua terminologia e il suo background. Successivamente, è di gran lunga l'articolo più lungo, che tenta un sondaggio del lavoro di W e S in quanto si riferisce alla tabella e quindi ad una comprensione o descrizione (non spiegazione come W insistette) del comportamento.

È mia contesa che la tabella dell'intenzionalità (razionalità, mente, pensiero, linguaggio, personalità, ecc.) che figura in primo piano qui descrive più o meno accuratamente, o almeno serve come euristica per, come pensiamo e ci comportiamo, e quindi comprende non solo la filosofia e la psicologia, ma tutto il resto (storia, letteratura, matematica, politica ecc.). Si noti in particolare che l'intenzionalità e la razionalità come io (insieme a Searle, Wittgenstein e altri) lo vedono, include sia il sistema deliberativo cosciente 2 e inconscio automatizzato System 1 azioni o riflessi.

L'astuzia potrebbe chiedersi perché non possiamo vedere il sistema 1 all'opera, ma è chiaramente controproducente per un animale pensare o ripensare ogni azione, e in ogni caso, non c'è tempo per il sistema 2 lento e massicciamente integrato di essere coinvolto nel flusso costante di "decisioni" di frazionate di secondo che dobbiamo prendere. Come ha osservato W, i nostri "pensieri" (T1 o i "pensieri" del sistema 1) devono condurre direttamente alle azioni.

La chiave di tutto ciò che ci riguarda è la biologia, ed è l'ignarietà che porta milioni di persone intelligenti istruite come Obama, Chomsky, Clinton e il Papa a sposare ideali utopici suicidi che portano inesorabilmente direttamente all'Inferno sulla Terra. Come

W ha notato, è ciò che è sempre davanti ai nostri occhi che è il più difficile da vedere. Viviamo nel mondo del sistema linguistico deliberativo cosciente 2, ma è inconscio, automatico sistema riflessivo 1 che governa. Questa è la fonte della cecità universale descritta da Searle come The Phenomenological Illusion (TPI), Pinker come The Blank Slate e Tooby e Cosmides come Il modello di scienze sociali standard.

Come noto, The Phenomenological Illusion (oblio al nostro sistema automatizzato 1) è universale e si estende non solo per tutta la filosofia, ma per tutta la vita. Sono sicuro che Chomsky, Obama, zuckerberg e il Papa sarebbero increduli se gli dicono che soffrono dello stesso problema di Hegel, Husserl e Heidegger, (o che si differenziano solo in grado dai tossicodipendenti e dai tossicodipendenti di sesso per essere motivati dalla stimolazione delle loro cortice frontali dalla consegna della dopamina (e oltre 100 altre sostanze chimiche) attraverso il tegmentum ventrale e il nucleus e il nucleus è evidente), ma è vero. Mentre i fenomenologi hanno sprecato solo un sacco di tempo delle persone, stanno sprecando la terra e il futuro del loro discendente.

Le moderne "illusioni digitali", confondono i giochi linguistici del System 2 con gli automatismi del Sistema 1, e quindi non possono distinguere le macchine biologiche (cioè le persone) da altri tipi di macchine (cioè i computer). L'affermazione 'riduzionista' è che si può 'spiegare' il comportamento a un livello 'più basso', ma ciò che realmente accade è che non si spiega il comportamento umano, ma un 'stare in' per esso. Da qui il titolo della classica recensione di Searle del libro di Dennett ("Consciousness Explained") - "Consciousness Explained Away". Nella maggior parte dei contesti 'riduzione' del comportamento emergente di livello superiore alle funzioni cerebrali, biochimica, o fisica è incoerente. Inoltre, per la "riduzione" della chimica o della fisica, il percorso è bloccato dal caos e dall'incertezza (e la teoria del caos ha dimostrato di essere sia incompleta nel senso di Godel che indecidibile). Tutto può essere 'rappresentato' da equazioni, ma quando 'rappresentano' comportamento di ordine superiore, non è chiaro (e non può essere chiarito) cosa significano i "risultati". La metafisica riduzionista è uno scherzo, ma la maggior parte degli scienziati e dei filosofi non ha il senso dell'umorismo appropriato.

Ho studiato il lavoro di molti scienziati e filosofi che considerano la coscienza come un "problema difficile" (vedi David Chalmers) ma,con Rupert Read e altri, trovo le loro argomentazioni poco convincenti. Come wittgenstein ha osservato, possiamo vedere che ha un appiglio anche nelle mosche (che hanno molti degli stessi geni e il cui sistema di dopamina permette manipolazioni comportamentali), e da lì è solo una lunga serie di passi per noi stessi.

In un recente esempio da un mare di letteratura Tegmark (vedi per esempio, il suo video di YouTube) dopo Tononi, pensare ss coscienza è "solo" la "esperienza" di ordine superiore "elaborazione delle informazioni" senza la consapevolezza che queste sono solo famiglie di giochi di lingua. Così, sembrano pensare che qualsiasi dispositivo di "elaborazione delle informazioni" avrà troppo. Searle ha notoriamente suggerito che una pila opportunamente organizzata di lattine di birra potrebbe fare,ma nota anche che può essere unico per le disposizioni biologiche bagnate dei neuroni.   Non è ovvio che i computer senza sensi o un corpo possano avere emozioni o coscienza, a meno che non si renda banale (e poco interessante il gioco linguistico).

Speravo di saldare i miei commenti in un insieme unificato, ma mi resi conto, come hanno fatto i ricercatori di Wittgenstein e AI, che la mente (più o meno la stessa del linguaggio come ci ha mostrato Wittgenstein) è un eterogeneo di pezzi disparati evoluti per molti contesti, e non esiste una tale teoria o teoria se non quella del fitness inclusivo, cioè l'evoluzione per selezione naturale.

Infine, come per i miei 90 articoli e altri 9 libri, e in tutte le mie lettere e e-mail e conversazioni per oltre 50 anni, ho sempre usato 'loro' o 'loro' invece di 'suo', 'lei/lui', o l'idiota sessismo inverso di 'lei' o 'lei', essendo forse l'unico in questa parte della galassia a farlo.   L'uso servile di questi vocilbi universalmente applicati è naturalmente intimamente connesso con i difetti della nostra psicologia che generano filosofia accademica, democrazia e crollo della civiltà industriale, e lascio l'ulteriore descrizione di queste connessioni come esercizio per il lettore.

Coloro che sono interessati ai miei altri scritti possono vedere Talking Monkeys 3rd ed (2019), The Logical Structure of Philosophy, Psychology, Mind and Language In Ludwig Wittgenstein e John Searle 3rd ed ed ed ed(2019), Suicide by Democracy 4th ed (2019) e Suicidal Utopian Delusions in the 21st Century 5th ed (2019).

Sono consapevole di molte imperfezioni e limitazioni del mio lavoro e lo rivedo continuamente, ma ho ripreso la filosofia 13 anni fa a 65 anni, quindi è miracoloso, e una testimonianza eloquente della potenza degli automatismi del Sistema 1, che sono stato in grado di fare qualsiasi cosa. Erano 13 anni di lotta incessante e spero che i lettori lo trovino di qualche utilità.

vyupzz@gmail.com

La Struttura Logica del Comportamento Umano

"Se volessi dubitare che questa fosse la mia mano, come potrei evitare di dubitare che la parola "mano" abbia qualche significato? Quindi questo è qualcosa che mi sembra di sapere, dopo tutto. Wittgenstein 'On Certainty' p48

"Che tipo di progresso è questo, l'affascinante mistero è stato rimosso, ma nessuna profondità è stata offuscata dalla consolazione; nulla è stato spiegato o scoperto o riconcepito. Come addomesticato e poco stimolante si potrebbe pensare. Ma forse, come suggerisce Wittgenstein, le virtù della chiarezza, della demistificazione e della verità dovrebbero essere ritenute abbastanza soddisfacenti" --Horwich 'La Metafilosofia di Wittgenstein'.

In primo luogo, ricordiamoci della scoperta fondamentale di Wittgenstein (W) –che tutti i problemi veramente "filosofici" (cioè quelli non risolti da esperimenti o raccolta dati) sono gli stessi, confusioni su come utilizzare il linguaggio in un particolare contesto, e quindi tutte le soluzioni sono le stesse, guardando a come il linguaggio può essere utilizzato nel contesto in questione in modo che le sue condizioni di verità (Condizioni diSisfazione o COS) siano chiare. Il problema di base è che si può dire qualsiasi cosa, ma non si può significare (dichiarare chiaro COS per) qualsiasi espressione arbitraria e significato è possibile solo in un contesto molto specifico. Così,, W nel suo ultimo capolavoro 'On Certainty' (OC) esamina esempi appariscenti dei diversi usi delle parole 'know', 'doubt' e 'certain', spesso dalle sue 3 prospettive tipiche di narratore, interlocutore e commentatore, lasciando il lettore a decidere il miglior uso (più chiaro COS) delle frasi in ogni contesto. Si può solo descrivere l'uso di frasi correlate e questa è la fine di esso, senza profondità nascoste, nessuna intuizione metafisica. Non ci sono "problemi" di "coscienza", "volontà", "spazio", "tempo" ecc., ma solo la necessità di mantenere chiaro l'uso (COS) di queste parole. È veramente triste che la maggior parte dei filosofi continui a sprecare il loro tempo sulle confusioni linguistiche peculiari alla filosofia accademica piuttosto che rivolgere la loro attenzione a quelle delle altre discipline comportamentali e alla fisica, alla biologia e alla matematica, dove è disperatamente necessaria.

Che cosa ha realmente ottenuto W? Ecco come un importante studioso di Wittgenstein ha riassunto il suo lavoro: "Wittgenstein ha risolto molti dei profondi problemi che hanno tormentato il nostro soggetto per secoli, a volte davvero per più di due millenni, problemi sulla natura della rappresentazione linguistica, sul rapporto tra pensiero e lingua, sul solipsismo e sull'idealismo, la conoscenza di sé e la conoscenza di altre menti, e sulla natura della verità necessaria e delle proposizioni matematiche. Ha arato il suolo della filosofia europea della logica e del linguaggio. Ci ha dato una serie di romanzi e immensamente feconda gamma di intuizioni sulla filosofia della psicologia. Tentò di rovesciare secoli di riflessione sulla natura della matematica e della verità matematica. Ha minato l'epistemologia fondamentalista. E ci ha dato una visione della filosofia come contributo non alla conoscenza umana, ma alla comprensione umana – comprensione delle forme del nostro pensiero e delle confusioni concettuali in cui siamo suscettibili di cadere". "Peter Hacker-- "L'interpretazione tardiva di Gordon Baker di Wittgenstein"

A questo vorrei aggiungere che W è stato il primo a descrivere in modo chiaro ed estenso i due sistemi di pensiero - veloce automatico prelinguistico S1 e la lenta disposizione linguistica riflettente S2. Ha spiegato come il comportamento sia possibile solo con un vasto background ereditato che è la base assiomatica per giudicare e non può essere messo in dubbio o giudicato, così sarà (scelta), coscienza, sé, tempo e spazio sono innati assiomi solo veri. Egli ha osservato in migliaia di pagine ed esempi come le nostre esperienze mentali interiori non siano descrivibili nel linguaggio, questo è possibile solo per il comportamento con un linguaggio pubblico (l'impossibilità del linguaggio privato). Predisse l'utilità di una logica paraconsistente che emerse solo molto più tardi. Tra l'altro brevettò progetti di elicotteri che anticipavano da tre decenni l'uso di getti a punta di lama per guidare i rotori, e che avevai i semi del motore a turbina a gas a flusso centrifugo, progettò un monitor dal battito del cuore, progettò e supervisionò la costruzione di una casa modernista, e disegnava una prova del Teorema di Euler, successivamente completato da altri. Egli ha esposto le basi psicologiche della matematica, della logica, dell'incompletezza e dell'infinito.

Horwich dà il riassunto più bello che abbia mai visto di dove una comprensione di Wittgenstein ci lascia.

"Non ci deve essere alcun tentativo di spiegare la nostra attività linguistico/concettuale (PI 126) come nella riduzione dell'aritmetica di Frege alla logica; nessun tentativo di dargli basi epistemologiche (PI 124) come nei resoconti basati sul significato di una conoscenza a priori; nessun tentativo di caratterizzarne le forme idealizzate (PI 130) come nelle logiche del senso; nessun tentativo di riformarlo (PI 124,132) come nella teoria degli errori di Mackie o nell'intuizione di Dummett; nessun tentativo di snellirla (PI 133) come nel racconto dell'esistenza di Quine; nessun tentativo di renderlo più coerente (PI 132) come nella risposta di Tarski ai paradossi bugiar; e nessun tentativo di renderlo più completo (PI 133) come nel sistemare le questioni di identità personale per bizzarri scenari ipotetici di 'teletrasporto'."

Può essere visto come il primo psicologo evoluzionista, dal momento che ha costantemente spiegato la necessità del background innato e ha dimostrato come genera il comportamento. Anche se nessuno sembra a conoscenza, descrisse la psicologia dietro quello che in seguito divenne il test Wason - una misura fondamentale usata nella Psicologia Elmitutale (EP) decenni dopo. Ha notato la natura indeterminata o sottodeterminata del linguaggio e la natura simile al gioco dell'interazione sociale. Egli descrisse e confutò le nozioni della mente come macchina e la teoria computazionale della mente, molto prima dei computer pratici o dei famosi scritti di Searle. Ha inventato le tabelle della verità per l'uso in logica e filosofia. Decisamente si mise a riposo scetticismo e metafisica. Egli ha dimostrato che, lungi dall'essere imperscrutabili, le attività della mente sono aperte davanti a noi, una lezione che pochi hanno imparato da allora.

Quando penso a Wittgenstein, ricordo spesso il commento attribuito al professore di Filosofia di Cambridge C.D. Broad (che non capiva né gli piaceva). "Non offrire la cattedra di filosofia a Wittgenstein sarebbe come non offrire la cattedra di fisica ad Einstein!" Penso a lui come l'Einstein della psicologia intuitiva. Anche se nato dieci anni dopo, stava covando idee sulla natura della realtà quasi allo stesso tempo e nella stessa parte del mondo, e, come Einstein, quasi morto nella prima guerra mondiale. Ora supponiamo che Einstein fosse un suicida recluso omosessuale con una personalità difficile che pubblicò solo una prima versione delle sue idee che erano confuse e spesso sbagliate, ma divennero famose in tutto il mondo; cambiò completamente le sue idee, ma per i successivi 30 anni non pubblicò più nulla, e la conoscenza del suo nuovo lavoro, in forma per lo più incomprensibile, si diffuse lentamente da lezioni occasionali e note degli studenti; che morì nel 1951 lasciando dietro di sé oltre 20.000 pagine di scarabocchi per lo più scritti a mano in tedesco, composti da frasi o brevi paragrafi con, spesso, nessun rapporto chiaro con frasi prima o dopo; che questi sono stati tagliati e incollati da altri quaderni scritti anni prima con note ai margini, sottolineature e parole barrate, in modo che molte frasi abbiano molteplici varianti; che i suoi dirigenti letterari hanno tagliato questa massa indigeribile in pezzi, tralasciando ciò che desideravano e lottando con il mostruoso compito di catturare il mostruoso significato delle frasi che trasmettevano visioni assolutamente nuove di come funziona l'universo e che poi pubblicavano questo materiale con una lentezza agonizzante (non finita dopo mezzo secolo) con pretese che non contenevano alcuna spiegazione reale di ciò che era; che divenne famoso tanto quanto famoso a causa di molte affermazioni che tutta la fisica precedente era un errore e persino una sciocchezza, e che praticamente nessuno capiva il suo lavoro, nonostante centinaia di libri e decine di migliaia di documenti che ne discutevano; che molti fisici conoscevano solo i suoi primi lavori in cui aveva fatto una sintesi definitiva della fisica newtoniana affermava in una forma così astratta e condensata che era difficile decidere ciò che veniva detto; che è stato poi praticamente dimenticato e che la maggior parte dei libri e degli articoli sulla natura del mondo e sui diversi argomenti della fisica moderna aveva solo passaggi e di solito falsi riferimenti a lui, e che molti lo omettevano interamente; che fino ad oggi, più di mezzo secolo dopo la sua morte, c'erano solo una manciata di persone che afferravano davvero le conseguenze monumentali di ciò che aveva fatto. Questa, sollevo, è proprio la situazione con Wittgenstein.

Se W avesse vissuto nei suoi 80 anni sarebbe stato in grado di influenzare direttamente Searle (un altro genio moderno della psicologia descrittiva), Pinker, Tooby e Cosmides, Symons e innumerevoli altri studenti di comportamento. Se il suo brillante amico Frank

Ramsey non fosse morto in gioventù, una collaborazione molto fruttuosa ne sarebbe quasi certamente seguita. Se il suo allievo e collega Alan Turing fosse diventato il suo amante, una delle collaborazioni più incredibili di tutti i tempi si sarebbe probabilmente evoluta. In ogni caso il paesaggio intellettuale del XX secolo sarebbe stato diverso e se tutti e tre si fosse verificato sarebbe stato quasi certamente molto diverso. Invece viveva in relativo isolamento intellettuale, pochi lo conoscevano bene o avevano un sentore delle sue idee mentre viveva, e solo una manciata hanno una reale comprensione del suo lavoro ancora oggi. Avrebbe potuto brillare come ingegnere, matematico, psicologo, fisiologo (ha fatto ricerche in tempo di guerra in esso), un musicista (ha suonato strumenti e aveva un talento rinomato per fischiare), un architetto (la casa che ha progettato e costruito per sua sorella è ancora in piedi), o un imprenditore (ha ereditato una delle più grandi fortune del mondo, ma ha dato tutto via). È un miracolo che sia sopravvissuto alle trincee e ai campi di prigionia e ripetutamentely si è offerto volontario per il dovere più pericoloso (mentre scriveva il Tractatus) nella prima guerra mondiale, molti anni di depressioni suicide (3 fratelli soccombettero a loro), evitato di essere intrappolato in Austria e giustiziato dai nazisti (era in parte ebreo e probabilmente solo il desiderio del nazista di mettere le mani sui loro soldi ha salvato la famiglia), e che non è stato perseguitato per la sua omosessualità e spinto al suicidio come il suo amico Turing. Si rese conto che nessuno capiva cosa stava facendo e non avrebbe mai potuto (non sorprendere se era mezzo secolo – o un intero secolo a seconda del tuo punto di vista della psicologia e della filosofia, che solo di recente hanno iniziato ad accettare che il nostro cervello è un organo evoluto come il nostro cuore).

In primo luogo proporrò alcuni commenti sulla filosofia e il suo rapporto con la ricerca psicologica contemporanea, come esemplificato nelle opere di Searle (S), Wittgenstein (W), Hacker (H) et al. Aiuterà a vedere le mie recensioni di TLP, BBB, PI, OC by W, e PNC (Philosophy in a New Century), Making the Social World (MSW), Seeing Things As They Are (), Searle's Philosophy and Chinese Philosophy (SPCP), John R Searle – Thinking About the Real World (TARW), e altri libri da e su questi geni, che forniscono una chiara descrizione del comportamento di ordine superiore, non trovato nei libri di psicologia, che farò riferimento a come il quadro WS. Comincio con alcune citazioni penetranti da W e S.

"La confusione e la sterilità della psicologia non deve essere spiegata definendola una "giovane scienza"; il suo stato non è paragonabile a quello della fisica, per esempio, nei suoi inizi. (Piuttosto con quella di alcuni rami della matematica. Teoria degli insiemi.) Perché in psicologia ci sono metodi sperimentali e confusione concettuale. (Come nell'altro caso, confusione concettuale e metodi di prova). L'esistenza del metodo sperimentale ci fa pensare di avere i mezzi per risolvere i problemi che ci afflizione; anche se problema e metodo passano l'un l'altro da ". Wittgenstein (PI p.232)

"I filosofi vedono costantemente il metodo della scienza davanti ai loro occhi e sono irresistibilmente tentati di porre e rispondere alle domande come fa la scienza. Questa tendenza è la vera fonte della metafisica e conduce il filosofo in completa oscurità." (BBB p18).

"Ma non ho avuto la mia foto del mondo soddisfacendomi della sua correttezza: né ce l'ho perché sono soddisfatta della sua correttezza. No: è lo sfondo ereditato in cui distinguo tra vero e falso." OC Di Wittgenstein 94

"Lo scopo della filosofia è quello di erigere un muro nel punto in cui la lingua si ferma comunque." Occasioni Filosofiche di Wittgenstein p187

"Il limite della lingua è dimostrato dal fatto impossibile descrivere un fatto che corrisponde a (è la traduzione di) una frase senza semplicemente ripetere la frase ..." Wittgenstein CV p10

"Molte parole allora in questo senso allora non hanno un significato rigoroso. Ma questo non è un difetto. Pensare che sarebbe come dire che la luce della mia lampada da lettura non è una luce reale perché non ha confini taglienti." BBB p27

"Ogni segno è capace di interpretazione, ma il significato non deve essere in grado di essere interpretati. È l'ultima interpretazione" BBB p34

"C'è una sorta di malattia generale del pensiero che cerca sempre (e trova) quello che sarebbe chiamato uno stato mentale da cui scaturiscono tutti i nostri atti, come da un serbatoio." BBB p143

"E l'errore che noi qui e in mille casi simili siamo inclini a fare è etichettato con la parola "fare" come l'abbiamo usata nella frase "Non è un atto di intuizione che ci fa usare la regola come facciamo noi", perché c'è un'idea che "qualcosa deve farci" fare quello che facciamo. E questo si unisce ancora una volta alla confusione tra causa e ragione. Non abbiamo motivo di seguire la regola come facciamo noi. La catena di ragioni ha una fine. BBB p143

"Se teniamo a mente la possibilità di un'immagine che, anche se corretta, non ha somiglianza con il suo oggetto, l'interpolazione di un'ombra tra la frase e la realtà perde ogni punto. Perora, la frase stessa può servire come tale ombra. La frase è solo un quadro, che non ha la minima somiglianza con ciò che rappresenta.
BBBp37

"Così, possiamo dire di alcuni matematici filosofici che ovviamente non sono a conoscenza dei molti usi diversi della parola "prova"; e che non sono chiari circa le differenze tra gli usi della parola "gentile", quando parlano di tipi di numeri, tipi di prova, come se la parola "gentile" qui significasse la stessa cosa del contesto "tipi di mele". Oppure, possiamo dire, non sono consapevoli dei diversi significati della parola "scoperta" quando in un caso parliamo della scoperta della costruzione del pentagono e nell'altro caso della scoperta del Polo Sud." BBB p29

"Alcune delle caratteristiche logiche più importanti dell'intenzionalità sono al di là della portata della fenomenologia perché non hanno una realtà fenomenologica immediata... Perché la creazione di significato per inutilità non è vissuta consapevolmente... non esiste... Questo è... l'illusione fenomenologica. Searle PNC p115-117

"... la relazione intenzionale di base tra la mente e il mondo ha a che fare con condizioni di soddisfazione. E una proposta è qualsiasi cosa che possa essere in una relazione intenzionale con il mondo, e poiché queste relazioni intenzionali determinano sempre condizioni di soddisfazione, e una proposizione è definita come qualsiasi cosa sufficiente a determinare le condizioni di soddisfazione, si scopre che ogni intenzionalità è una questione di proposizioni." Searle PNC p193

"Lo stato intenzionale rappresenta le sue condizioni di soddisfazione... le persone erroneamente suppongono che ogni rappresentazione mentale debba essere pensata consapevolmente... ma la nozione di rappresentazione come la sto usando è una nozione funzionale e non ontologica. Tutto ciò che ha condizioni di soddisfazione, che può avere successo o fallire in un modo che è caratteristico dell'intenzionalità, è per definizione una rappresentazione delle sue condizioni di soddisfazione... possiamo analizzare la struttura dell'intenzionalità dei fenomeni sociali analizzandone le condizioni di soddisfazione". Searle MSW p28-32

"La superstizione non è altro che una credenza nel nesso causale." TLP 5.1361

"Ora, se non sono le connessioni causali di cui ci occupiamo, allora le attività della mente ci si aprono di fronte." BBB p6

"Riteniamo che, anche quando tutte le possibili domande scientifiche sono state risolte, i problemi della vita rimangono completamente intatti. Naturalmente, non ci sono più domande, e questa è la risposta."
TLP 6,52

"Sciocchezze, sciocchezze, perché si stanno facendo supposizioni invece di descrivere semplicemente. Se la tua testa è perseguitata da spiegazioni qui, stai trascurando di ricordarti i fatti più importanti." 220 USD

"La filosofia ci mette semplicemente tutto davanti a noi e non spiega né deduce nulla... Si potrebbe dare il nome di "filosofia" a ciò che è possibile prima di tutte le nuove scoperte e invenzioni." PI 126

"Più esaminiamo il linguaggio reale, più il più stretto diventa il conflitto tra esso e il nostro requisito. (Per la purezza cristallina della logica non era, ovviamente, un risultato di indagine: era un requisito.)" PI 107

"La concezione sbagliata a cui voglio oppormi in questa truffa è la seguente, che possiamo scoprire qualcosa di del tutto nuovo. Questo è un errore. La verità è che abbiamo già ottenuto tutto, e che abbiamo effettivamente presente; non dobbiamo aspettare nulla. Facciamo le nostre mosse nel regno della grammatica della nostra lingua ordinaria, e questa grammatica è già lì. Così, abbiamo già ottenuto tutto e non abbiamo bisogno di aspettare per il futuro. (detto nel 1930) Waismann "Ludwig Wittgenstein and the Vienna Circle (1979) p183

"Qui ci troviamo di fronte a un fenomeno notevole e caratteristico nell'indagine filosofica: la difficoltà--- potrei dire--- non è quella di trovare la soluzione, ma piuttosto quella di riconoscere comel'oluzione che sembra essere solo un preliminare ad essa. Abbiamo già detto tutto. --- Non tutto ciò che segue da questo, non questa è la soluzione! .... Questo è collegato, credo, con la nostra spiegazione erroneamente in attesa, mentre la soluzione della difficoltà è una descrizione, se gli diamo il posto giusto nelle nostre considerazioni. Se ci sbito su di esso, e non cercare di andare oltre. Zettel p312-314

"Il nostro metodo è puramente descrittivo, le descrizioni che diamo non sono suggerimenti di spiegazioni." BBB p125

Queste citazioni non sono scelte a caso, ma (insieme agli altri nelle mie recensioni) sono un contorno di comportamento (natura umana) da due dei nostri più grandi psicologi descrittivi. Nel considerare queste questioni dobbiamo tenere a mente che la filosofia (nel senso stretto che considero qui) è la psicologia descrittiva del pensiero di ordine superiore (HOT), che è un altro dei fatti ovvi che sono totalmente trascurati -cioè, non l'ho mai visto chiaramente dichiarato da nessuna parte. Oltre a non chiarire che quello che stanno facendo è psicologia descrittiva, i filosofi raramente specificano esattamente cosa si aspettano di contribuire a questo argomento che altri studenti di comportamento (cioè scienziati) non lo fanno, quindi dopo aver notato l'osservazione di W sull'invidia della scienza, citerò di nuovo da Hacker che dà un buon inizio su di esso.

"Gli epistemologi tradizionali vogliono sapere se la conoscenza è vera credenza e una ulteriore condizione ... o se la conoscenza non implica nemmeno la fede ... Vogliamo sapere quando la conoscenza lo fa e quando non richiede giustificazione. Dobbiamo essere chiari su ciò che viene attribuito a una persona quando si dice che sa qualcosa. È uno stato mentale distintivo, un risultato, una performance, una disposizione o un'abilità? Potrebbe sapere o credere che p essere identico con uno stato del cervello? Perché si può dire "crede che p, manon è il caso che p", mentre si può dire 'credo che p, ma non è il caso che p'? Perché ci sono modi, metodi e mezzi per raggiungere, raggiungere o ricevere conoscenza, ma non credenze (al contrario della fede)? Perché si può sapere, ma non credere a chi, cosa, quale, quando, se e come? Perché si può credere, ma non sapere, con tutto il cuore, con passione, esitante, scioccamente, sconsideratamente, fanaticamente, dogmaticamente o ragionevolmente? Perché si può sapere, ma non credere, qualcosa perfettamente bene, accuratamente o in dettaglio? E così via - attraverso molte centinaia di domande simili riguardanti non solo la conoscenza e la fede, ma anche il dubbio, la certezza, ricordando, dimenticando, osservando, notando, riconoscendo, frequentando, essendo consapevoli, consapevoli, per non parlare dei numerosi verbi di percezione e dei loro cognanti. Ciò che deve essere chiarito se si vuole rispondere a queste domande è la rete dei nostri concetti epistemici, i modi in cui i vari concetti si uniscono, le varie forme delle loro compatibilità e incompatibilità, il loro punto e scopo, le loro presupposizioni e diverseforme nt di dipendenza dal contesto. A questo venerabile esercizio di analisi connettiva, la conoscenza scientifica, la psicologia, le neuroscienze e la sedicente scienza cognitiva non possono contribuire a nulla." (Passando per la svolta naturalistica: sul cul-de-sac- p15 di Quine (2005).

Alla sua morte nel 1951 W lasciò dietro di sé una collezione sparsa di circa 20.000 pagine. A parte il Tractatus, erano inediti e in gran parte sconosciuti, anche se alcuni erano ampiamente diffusi e letti (come erano le note prese nelle sue classi), portando a ampie ma in gran parte non riconosciute influenze. Alcune opere sono noti per essere stati persi e molti altri W aveva distrutto. La maggior parte di questo Nachlass è stato microfilmato nel 1968 dalla Cornell University e copie sono state acquistate da pochissime biblioteche. Budd -Wittgenstein's Philosophy of Psychology (1989) - come la maggior parte dei commentatori W del periodo, non fa riferimento al microfilm. Anche se gran parte della Nachlass è ripetitiva e appare in qualche forma nelle sue opere successivamente pubblicate (che sono citate da Budd), molti testi varianti sono di grande interesse e c'è materiale sostanziale che non è mai stato tradotto dal tedesco originale né pubblicato in forma di libro.

Le note della conferenza di Yorick Smithies sono apparse nel 2018 e anche ora stiamo aspettando quella che sembra essere una versione del Libro Marrone, lasciata con il suo amante Francis Skinner – 'Wittgenstein, Dettante filosofia a Francis Skinner' (Springer, 2019). Nel 1998 apparve il CD bergen della Nachlass completa -- Nachlass: Text and Facsimile Version: The Bergen Electronic Edition 2500 ISBN 10: 0192686917. È disponibile tramite prestito interbibliotecario e gratuito in rete. Come gli altri DOCUMENTI di lavoro di W, è disponibile da Intelex (www.nlx.com). È indicizzato e ricercabile e la risorsa W principale. Tuttavia, le mie ampie letture della letteratura W mostrano che pochissime persone si sono preoccupate di consultarla e quindi le loro opere mancano di un elemento critico. Si possono vedere i documenti di Victor Rodych sulle osservazioni di W su Godel per una notevole eccezione. Un'opera importante risalente al periodo intermedio di W (1933) che è stato pubblicato come un libro nel 2000 è il famoso Big

Typescript. La "Filosofia della psicologia di Wittgenstein" (1991) di Budd è uno dei migliori trattamenti di W (vedi la mia recensione), ma da quando ha finito questo libro nel 1989, né il Big Typescript né il CD di Bergen erano a sua disposizione e ha trascurato il microfilm di Cornell. Tuttavia, le opere di gran lunga più importanti risalgono al terzo periodo di W (ca. 1935-1951) e queste sono state tutte utilizzate da Budd.

Le idee interamente nuove di Wttgenstein e i trialoghi super-socratici unici (il mio termine) e la scrittura telegrafica, insieme al suo stile di vita spesso solitario, quasi solipsistico, e alla morte prematura nel 1951, hanno portato a un fallimento nel pubblicare qualcosa del suo pensiero successivo durante la sua vita e solo lentamente ha pubblicato la sua enorme *nachlass* di circai 20.000 pagine - un progetto che continua fino ad oggi. L'unica edizione completa della *nachlass* in gran parte tedesca è stata pubblicata per la prima volta da Oxford nel 2000 con Intelex che ora la pubblicava, così come tutti i 14 libri in lingua inglese Blackwell su un CD ricercabile. Il CD di Blackwell costa 100 dollari, ma il CD di Oxford è di oltre 1000 dollari o più di 2000 dollari per il set, comprese le immagini dei manoscritti originali. Essi possono tuttavia essere ottenuti tramite prestito interbibliotecario e anche, come la maggior parte dei libri e degli articoli, sono ora liberamente disponibili in rete (libgen.io, b-ok.org e su p2p). Il CDROM ricercabile dei suoi libri in inglese così come quello dell'intero *nachlas*tedesco, è ora su diversi siti in rete e il CD di Bergen è dovuto per una nuova edizione ca. 2021-- http://wab.uib.no/alois/Pichler%2020170112%20Geneva.pdf). E, naturalmente, la maggior parte degli articoli accademici e libri sono ora gratuiti online su b-ok.org e libgen.io.

Inoltre, ci sono enormi problemi con la traduzione del suo tedesco viennese all'inizio del XX secolo in inglese moderno. Uno deve essere un maestro di inglese, tedesco e W per fare questo e pochissimi sono all'opera. Tutte le sue opere soffrono di chiari errori di traduzione e ci sono domande più sottili in cui si deve capire tutta la spinta della sua filosofia successiva per tradurre. Dal momento che, a mio parere, nessuno tranne Daniele Moyal-Sharrock (DMS) ha colto la piena importazione delle sue opere successive (ma naturalmente ha recentemente pubblicato ampiamente e molti sono ora a conoscenza delle sue opinioni), si può vedere perché W deve ancora essere pienamente apprezzato. Anche ladifferenza critica più o meno bennotatra la comprensione di 'Satz' come 'frase' (cioè, ciò che può essere considerato in molti contesti come un'espressione S1) vs 'proposizione' (cioè, in molti contesti, un significativo espressione S2 con condizioni di soddisfazione) in varicontesti è di solito sfuggito.

Pochi avvisi (Budd p29-32, Stern e DMS in un recente articolo sono rare eccezioni) che W prescinabilmente (decenni prima che nascesse la scienza del caos e della complessità) suggerì che alcuni fenomeni mentali possono avere origine in processi caotici nel cervello, ad esempio, non c'è nulla corrispondente a una traccia di memoria. Ha anche suggerito più volte che la catena causale ha una fine, e questo potrebbe significare sia che non è giusto (indipendentemente dallo stato della scienza) rintracciarlo ulteriormente,, e che il concetto di 'causa' cessa di essere applicabile oltre un certo punto (p34). Successivamente, molti hanno fatto suggerimenti simili senza alcuna idea che W anticli ha visti da decenni (in realtà oltre un secolo ora in pochi casi).

Con DMS considero l'ultimo libro di W 'On Certainty' (OC) come la prima pietra della filosofia e della psicologia. Non è davvero un libro, ma note che ha fatto durante gli ultimi due anni della sua vita mentre moriva di cancro alla prostata e a malapena in grado di lavorare. Sembra che sia stato principalmente motivato dalla consapevolezza che i semplici sforzi di G.E. Moore avevano concentrato l'attenzione sul nucleo stesso di tutta la filosofia, su come sia possibile significare, credere, sapere nulla e non essere in grado di dubitarne. Tutto ciò che chiunque può fare è esaminare mimo il funzionamento dei giochi linguistici di 'sapere' e 'certo' e 'dubbio' come vengono utilizzati per descrivere le funzioni primitive automatizzate del sistema prelinguistico uno (S1) del nostro cervello (il mio K1, C1 e D1) e il sistema linguistico deliberativo avanzato due funzioni (S2) (il mio K2, C2 e D2). Naturalmente, W non utilizza la terminologia dei due sistemi, che only è venuto alla primo pianoin psicologia circa mezzo secolo dopo la sua morte, e deve ancora penetrare la filosofia, ma ha chiaramente afferrato il quadro dei due sistemi (la 'grammatica') in tutti i suoi lavori dai primi anni '30 in poi, e si può vedere chiaramente-ombre nei suoiprimissimi scritti.

Molto è stato scritto su Moore e W e On Certainty (OC) recentemente, dopo mezzo secolo nell'oblio relativo. Vedi, ad esempio, "Moore e Wittgenstein" di Annalisa Coliva (2010), "Razionalità estesa" (2015), Le varietà dell'auto-conoscenza'(2016), "Exploring Certainty" di Brice(20 14) e 'Routledge Philosophy Guide Book di Andy Hamilton a Wittgenstein e On Certainty'e i numerosi libri e articoli di Daniele Moyal-Sharrock (DMS) e Peter Hacker (PH), tra cui i recenti 3 volumi di Hacker sulla natura umana. DMS e PH sono stati i principali studiosi della successiva W, ognuno scrivendo o editando una mezza dozzina di libri (molti recensiti da me) e molti articoli nell'ultimo decennio. Tuttavia,, le difficoltà di venire alle prese con le basi della nostra psicologia dell'ordine superiore, cioè di come il linguaggio (circa la mente, come W ci ha mostrato) opere sono evidenziate da Coliva, uno dei filosofi contemporanei più brillanti e prolifici, che ha fatto osservazioni in un articolo molto recente che mostrano che dopo anni di intenso lavoro sulla successiva W, sembra non aver capito che ha risolto i problemi più basilari della descrizione del comportamento umano. Come chiarisce la DMS, non si possono nemmeno affermare in modo coerente dubbi sulle operazioni della nostra psicologia di base (le "Hinges" di W che equiparare a S1) senza cadere nell'incoerenza. DMS ha notato i limiti di entrambi questi lavoratori (limitazioni condivise da tutti gli studenti di comportamento) nei suoi articoli recenti, che (come quelli di Coliva e Hacker) sono liberamente disponibili in rete.

Come dice DMS: "... le note che compongono On Certainty rivoluzionano il concetto di credenze di base e dissolvono lo scetticismo, rendendole un correttivo, non solo per Moore ma anche per Cartesio, Hume e tutta l'epistemologia. Su Certainty mostra Wittgenstein di aver risolto il problema che ha deciso di risolvere – il problema che occupava Moore e afflitto epistemologia – quello della fondazione della conoscenza.

L'intuizione rivoluzionaria di Wittgenstein in On Certainty è che ciò che i filosofi hanno tradizionalmente chiamato "credenze di base" – quelle credenze su cui tutta la conoscenza deve in ultima analisi basarsi – non possono, a pena di regresso infinito, si basano su ulteriori credenze proposizionali. Viene a vedere che le credenze di base sono in realtà modi di agire animali o non riflessivi che, una volta formulati (ad esempio dai filosofi), assomigliano a proposizioni (empiriche). È questo aspetto fuorviante che porta i filosofi a credere che alla base del pensiero sia ancora più pensato. Tuttavia, anche se spesso sembrano conclusioni empiriche, le nostre certezze fondamentali costituiscono il fondamento non fondato,nonproposizionale della conoscenza, non il suo oggetto. Nel collocare così le fondamenta della conoscenza in certezze non riflettenti che si manifestano come modi di agire, Wittgenstein ha trovato il luogo in cui la giustificazione giunge al termine, e ha risolto il problema regreditivo delle credenze fondamentali – e, di passaggio, ha mostrato l'impossibilità logica dello scetticismo iperbolico. Credo che questo sia un risultato rivoluzionario per la filosofia – degno di chiamare il "terzo capolavoro" di Certainty Wittgenstein."

Ho raggiunto le stesse conclusioni generali alcuni anni fa e l'ho dichiarato nelle mie recensioni di libri.

Lei continua:" ... è proprio così che Wittgenstein descrive le certezze della cerniera di tipo Moore in On Certainty: "hanno la forma di proposizioni empiriche", ma non sono proposizioni empiriche. Certo, queste certezze non sono proposizioni metafisiche putative che sembrano descrivere le caratteristiche necessarie del mondo, ma sono proposizioni empiriche putative che sembrano descrivere le caratteristiche contingenti del mondo. E qui sta alcune delle novità di On Certainty. On Certainty è continua con tutti gli scritti precedenti di Wittgenstein – tra cui il Tractatus – in quanto arriva alla fine di un lungo e ininterrotto tentativo di chiarire la grammatica dei nostri giochi linguistici, di delimitare la grammatica dal linguaggio in uso. Baker e Hacker hanno superbamente chiarito lo smascheramento del secondo Wittgenstein della natura grammaticale delle proposizioni metafisiche o super-empiriche; ciò che contraddistingue On Certainty è la sua ulteriore distinzione tra alcune proposizioni "empiriche" e altre ('Le nostre "proposizioni empiriche" non formano una massa omogenea' (OC 213)): alcune proposizioni apparentemente empiriche e contingenti non sono altro che espressioni di regole grammaticali. L'importanza di questa realizzazione è che porta all'intuizione senza precedenti che le credenze di base – anche se sembrano umili azioni empiriche e contingenti – sono in realtà modi di agire che, quando concettualmente chiariti, possono essere visti come regole della grammatica: sono alla base di tutto il pensiero (OC 401). In modo che la cerniera certezza 'La terra è esistita per molti anni' sostiene ogni pensiero e azione, ma non come una proposizione che ci colpisce immediatamente come vero; piuttosto come un modo di agire alla base di ciò che facciamo (ad esempio, studiamo l'età della terra) e di ciò che diciamo (ad esempio, parliamo della terra nel passato): "Dare motivi, tuttavia, giustificando le prove, giunge al termine; – ma la fine non è una proposta certa che ci colpisce immediatamente come vere, cioè non è una sorta di vedere da parte nostra; è la nostra recitazione, che si trova in fondo al linguaggio-gioco. (OC 204)"

"La natura non proposizionale delle credenze di base pone fine al regresso che ha afflitto l'epistemologia: non abbiamo più bisogno di presentare proposte insostenibili che giustificano se stessi alla base della conoscenza. Nel prendere cerniere per essere vere proposizioni empiriche, Peter Hacker non riesce a riconoscere l'intuizione rivoluzionaria che le nostre certezze di base sono modi di agire, e non 'alcune proposizioni che ci colpiscono ... come vero" (OC 204). Se tutto ciò che Wittgenstein stava facendo in OC era affermare che le nostre convinzioni di base sono vere proposizioni empiriche, perché preoccuparsi? Egli si sarebbe semplicemente avvaspirante ciò che i filosofi prima di lui hanno detto per secoli, pur deplorando un regresso infinito irrisolvibile. Perché non piuttosto apprezzare che Wittgenstein ha fermato il regresso? ("Oltre il Wittgenstein di Hacker" -(2013))."

È sorprendente (e un segno di quanto profondo sia il divario tra filosofia e psicologia) che (come ho notato molte volte) in un decennio di lettura intensiva, non ho visto una persona fare l'ovvia connessione tra la "grammatica" di W e le funzioni riflessive automatiche del nostro cervello che costituiscono il sistema 1, e le sue estensioni nelle funzioni linguistiche del sistema 2. Per chiunque abbia familiarità con il quadro dei due sistemi per comprendere il comportamento che ha dominato varie aree della psicologia come la teoria delle decisioni negli ultimi decenni, dovrebbe essere palesemente ovvio che le "credenze di base" (o come le chiamo B1) sono la struttura automatizzata ereditata di S1 e che la loro estensione con l'esperienza in frasi vere o false (o come le chiamo B2) sono ciò che i non-filosofi chiamano 'credenze'. Questo può colpire alcuni come una mera sciocchezza terminologica, ma ho usato la vista dei due sistemi e la sua tabulazione qui sotto come la struttura logica della razionalità per un decennio e considerarla un importante progresso nella comprensione del comportamento di ordine superiore, e quindi di W o qualsiasi scrittura filosofica o comportamentale. A mio parere, l'incapacità di cogliere l'importanza fondamentale dell'automaticità del nostro comportamento dovuto a S1 e la conseguente attribuzione di ogni interazione sociale (ad esempio, la politica) alle superficialità di S2 può essere vista come responsabile dell'inesorabile collasso della civiltà industriale. L'oblio quasi universale alla biologia e alla psicologia di base porta a infiniti tentativi infruttuosi di risolvere i problemi del mondo attraverso la politica, ma solo una drastica ristrutturazione della società con la comprensione del ruolo fondamentale della forma fisica inclusiva come si manifesta attraverso l'autostruzioni di S1 ha la possibilità di salvare il mondo. L'oblio a S1 è stato chiamato da Searle 'L'illusione fenomenologica', da Pinker 'The Blank Slate' e da

Tooby e Cosmides 'The Standard Social Science Model'.

OC mostra l'esclusivo testologo super-socratico di W (narratore, interlocutore, commentatore) in piena fioritura e meglio di qualsiasi altra cosa nelle sue opere. Si rese conto alla fine degli anni '20 che l'unico modo per fare alcun progresso era quello di guardare a come funziona il linguaggio in realtà, altrimenti ci si perde nel labirinto del linguaggio fin dalle prime frasi e non c'è la minima speranza di trovare la propria via d'uscita. L'intero libro esamina i vari usi della parola 'sapere' che si separano in 'sapere' come una certezza intuitiva 'percettiva' che non puòessere messa in discussione in modo significativo (il mio K1 o W's Intransitive) e 'sapere' come disposizione ad agire (il mio K2 o W's Transitive), che funziona come pensare, credere, giudicare, immaginare, ricordare, credere e molte altre parole disposizionali. Come ho suggerito nelle mie varie recensioni di W e S, questi due usi corrispondono ai moderni due sistemi di quadro di pensiero che è così potente nella comprensione del comportamento (mente, linguaggio), e questo (e il suo altro lavoro) è il primo sforzo significativo per mostrare come i nostri veloci, prelinguistici stati automatici sono l'indiscutibile base assiomatica ('hinges') per la nostra successiva, lenta, linguistica, decontestualità. Come ho notato molte volte, né W, né nessun altro a mia conoscenza, ha mai dichiarato chiaramente questo. Indubbiamente, la maggior parte di coloro che leggono OC andare via senza avere una chiara idea di quello che ha fatto, che è il normale risultato della lettura di qualsiasi suo lavoro.

On Certainty (OC) non è stato pubblicato fino al 1969, 18 anni dopo la morte di Wittgenstein e solo di recente ha cominciato a richiamare l'attenzione. Ci sono pochi riferimenti ad esso in Searle (insieme a Hacker, erede di W apparente e uno dei più famosi filosofo viventes) e sivede interi libri su W con appena una menzione. Ci sono però libri ragionevolmente buoni su di esso da Stroll, Svensson, Coliva, McGinn e altri e parti di molti altri libri e articoli, ma il migliore è quello di Daniele Moyal-Sharrock (DMS) il cui volume 2004 "Understanding Wittgenstein's On Certainty" è obbligatorio per ogni persona istruita, e forse il miglior punto di partenza per comprendere Wittgenstein (W), psicologia, filosofia e vita. Tuttavia (a mio parere) tutte le analisi di W non riescono a cogliere appieno i suoi progressi unici e rivoluzionari non riuscendo a mettere il comportamento nel suo ampio contesto scientifico evolutivo e contemporaneo, che cercherò qui. Non darò una spiegazione pagina per pagina poiché (come con qualsiasi altro libro che tratta con il comportamento, cioè, filosofia, psicologia, antropologia, sociologia, storia, diritto, politica, religione, letteratura ecc.) non supereremmo immediatamente le prime pagine, poiché tutte le questioni discusse qui sorgono immediatamente in qualsiasi discussione sul comportamento.

La tabella seguente riassume la struttura logica della razionalità (Psicologia descrittiva del pensiero dell'ordine superiore) fornisce un quadro per questo e tutte le discussioni sul comportamento.

Nel corso di molti anni leggendo ampiamente in W, altri filosofi, e la psicologia, è diventato chiaro che ciò che ha esposto nel suo ultimo periodo (e per tutto il suo lavoro precedente in modo meno chiaro) sono le fondamenta di ciò che è ora conosciuto come psicologia evolutiva (EP), o se si preferisce, psicologia cognitiva, linguistica cognitiva, intenzionalità, pensiero di ordine superiore o solo comportamento superiore o comportamento animale ancora di ordine superiore.   Purtroppo, pochi si rendono conto che le sue opere sono un vasto e unico libro di testo di psicologia descrittiva che è rilevante ora come il giorno in cui è stato scritto. È quasi universalmente ignorato dalla psicologia e da altre scienze comportamentali e umanistiche, e anche quei pochi che lo hanno capito non si sono resi conto della portata della sua anticipazione dell'ultimo lavoro sull'EP e sulle illusioni cognitive (ad esempio, i due sé di pensiero veloce e lento, vedi sotto). John Searle (S), si riferisce a lui raramente, ma il suo lavoro può essere visto come una semplice estensione di W, anche se non sembra vedere questo. Analisti W come Baker e Hacker (B&H), Read, Harre, Horwich, Stern, Hutto e Moyal-Sharrock fanno meravigliosamente, ma per lo più si fermano a sua distanza di metterlo al centro della psicologia attuale, a cui certamente appartiene. Dovrebbe anche essere chiaro che, nella misura in cui sono coerenti e corretti, tutti i resoconti del comportamento di ordine superiore descrivono gli stessi fenomeni e dovrebbero tradursi facilmente l'uno nell'altro. Così, i temi recentemente alla moda di "Mente Incarnata" e "Enactivism Radical" dovrebbero fluire direttamente da e nel lavoro di W (e lo fanno).

L'incapacità della maggior parte di comprendere appieno il significato di W è in parte dovuta alla limitata attenzione sulla certezza (OC) e le sue altre opere di 3rd periodo hanno ricevuto fino a poco tempo fa, ma ancor più all'incapacità di molti filosofi e di altri di capire quanto profondamente la nostra visione del comportamento altera una volta abbracciato il quadro evolutivo. Io chiamo il quadro della psicologia descrittiva del pensiero di ordine superiore - DPHOT- o più precisamente lo studio del linguaggio utilizzato in DPHOT -- che Searle chiama la struttura logica della razionalità-LSR), che si basa su antropologia, sociologia, politica, legge, morale, etica, religione, estetica, letteratura e storia.

La "Teoria" dell'Evoluzione cessò di essere una teoria per qualsiasi persona normale, razionale, intelligente prima della fine del XIX secolo e per Darwin almeno mezzo secolo prima. Non si può fare a meno di incorporare T. rex e tutto ciò che è rilevante per esso nel nostro vero background assiomatico solo attraverso il funzionamento inesorabile di EP. Una volta che si ottiene la necessità logica (psicologica) di questo è veramente stupefacente che anche i più brillanti e i migliori sembrano non cogliere questo fatto più fondamentale della vita umana (con una punta del cappello a Kant, Searle e pochi altri) che è stato disposto in grande dettaglio in "On Certainty". Per inciso, l'equazione della logica e la nostra psicologia assiomatica è essenziale per comprendere W e la natura umana (come sottolinea Daniele Moyal-Sharrock (DMS), ma afaik nessun altro).

Così, la maggior parte della nostra esperienza pubblica condivisa (cultura) diventa una vera estensione del nostro EP assiomatico e non può essere trovato sbagliato senza minacciare la nostra sanità mentale. Calcio o Britney Spears non può semplicemente svanire dalla mia o la nostra memoria e vocabolario come questi concetti, idee, eventi, sviluppati e sono legati a innumerevoli altri nella vera rete solo che inizia con la nascita e si estende in tutte le direzioni per comprendere gran parte della nostra consapevolezza e memoria. Un corollario, ben spiegato da DMS e chiarito nel suo modo unico da Searle, è che la visione scettica del mondo e di altre menti (e una montagna di altre sciocchezze tra cui il Blank Slate) non può davvero ottenere un appiglio, come "realtà" è il risultato di involontari assiomi di pensiero veloce e non provabili proposizioni vere o false.

La mano morta della vista vuota del comportamento poggia ancora pesantemente ed è l'impostazione predefinita del 'secondo sé' del sistema consapevole di pensiero lento 2, che (senza istruzione) è ignaro del fatto che le basi per ogni comportamento si trovano nella struttura assiomatica inconscia e veloce del sistema 1 (l'"Illusione Fenomenologica" di Searle). Searle ha riassunto questo in un recente articolo molto perspicace, notando che molte caratteristiche logiche di intenzionalità sono al di là della portata della fenomenologia perché la creazione di significatività (cioè, la COS di S2) per inutilità (cioè, i riflessi di S1) non è consapevolmente sperimentata. Vedere filosofia in un nuovo secolo (PNC) p115-117 e la mia recensione di esso.

E 'essenziale per cogliere il W / S (Wittgenstein/Searle) framework quindi vi offrirò prima alcuni commenti sulla filosofia e il suo rapporto con la ricerca psicologica contemporanea come esemplificato nelle opere di Searle (S), Wittgenstein (W), Baker e Hacker (B&H), Read, Hutto, Daniele Moyal-Sharrock (DMS) et al. Per comprendere la terminologia e la prospettiva dei miei semplici due sistemi, aiuterà a vedere le mie recensioni di W/S e altri libri su questi geni, che forniscono una chiara descrizione del comportamento di ordine superiore non trovato nei libri di psicologia. Dire che Searle ha esteso il lavoro di W non significa necessariamente che si tratti di un risultato diretto dello studio W (e chiaramente non è un wittgensteinian), ma piuttosto che perché c'è solo una psicologia umana (per lo stesso motivo c'è solo UNA cardiologia umana), che chiunque descriva accuratamente il comportamento deve essere enunciante qualche variante o estensione di ciò che W ha detto.

Tuttavia, S cita raramente W e anche allora, spesso in modo critico, ma a mio parere le sue critiche (come tutte) quasi sempre perdere il segno e fa molte affermazioni dubbie per le quali è spesso criticato. Nel contestoattuale, trovo le recenti critiche di DMS, Coliva e Hacker più rilevanti. Tuttavia, è il candidato principale per il meglio da W e vi consiglio di scaricare le oltre 100 lezioni video che ha in rete. A differenza di quasi tutte le altre lezioni di filosofia sono abbastanza divertente e informativo e li ho sentiti tutti almeno due volte.

Un tema importante in tutte le discussioni sul comportamento umano è la necessità di separare gli automatismi geneticamente programmati di S1 (che equiparare con le 'cerniere' di W) dal comportamento linguistico meno meccanico di S2. Riformulare: tutti gli studi sul comportamento di ordine superiore sono uno sforzo per prendere in giro il rapido

System 1 (S1) e il pensiero lento System 2 (S2), ad esempio percezioni e altri automatismi e disposizioni. Il lavoro di Searle nel suo complesso fornisce una splendida descrizione del comportamento sociale S2 di ordine superiore, tra cui 'noi intenzionalità', mentre la Successiva W mostra come S2 si basa su veri assiomi inconsci di S1, che nell'evoluzione e in ciascuna delle nostre storie personali si sono sviluppati in pensiero proposizionale disposizionale cosciente (recitazione) di S2.

Wittgenstein notoriamente osservò che la confusione e la sterilità della psicologia non si spiegano definendola una scienza giovane e che i filosofi sono irresistibilmente tentati di porre e rispondere alle domande come fa la scienza. Egli ha osservato che questa tendenza è la vera fonte della metafisica e conduce il filosofo in completa oscurità. Vedere BBB p18. Un altro commento notevole è stato che se non siamo preoccupati per "cause" le attività della mente si trovano aperte davanti a noi –vedere BB p6 (1933). Allo stessomodo, le 20.000 pagine del suo nachlass hanno dimostrato il suo famoso detto che il problema non è quello di trovare la soluzione, ma di riconoscere come la soluzione quella che sembra essere solo un preliminare. Vedi il suo p312-314. E ancora, ha osservato 80 anni fa che dovremmo renderci conto che possiamo solo dare descrizioni del comportamento e che questi non sono suggerimenti di spiegazioni (BBB p125). Vedere le citazioni complete in altri punti in questo articolo.

Le idee comuni (ad esempio, il sottotitolo di uno dei libri di Pinker "The Stuff of Thought: language as a window into human nature") che la lingua (mente, discorso) è una finestra o una sorta di traduzione del nostro pensiero o addirittura (Lot di Fodor, ISA di Carruthers, ecc.) che ci deve essere qualche altro "Lingua del Pensiero" di cui è una traduzione, sono stati respinti da W, che ha cercato di mostrare, con centinaia di continuamente rianalizzati esempi perspicui di linguaggio in azione, che il linguaggio non è un quadro di, ma è di per sé il pensiero o la mente, e tutto il suo corpus può essere considerato come lo sviluppo di questa Idea.

Molti hanno decostruito l'idea di un "linguaggio del pensiero", ma a mio parere niente di meglio di W in BBB p37 - "se teniamo a mente la possibilità di un quadro che, sebbene corretto, non ha alcuna somiglianza con il suo oggetto, l'interpolazione di un'ombra tra la frase e la realtà perde ogni punto. Perora, la frase stessa può servire come tale ombra. La frase è solo un quadro, che non ha la minima somiglianza con ciò che rappresenta. Quindi,, problemi linguistici direttamente dal cervello e cosa potrebbe contare come prova per un intermediario?

W respinto l'idea che gli approcci Bottom Up di fisiologia, psicologia e calcolo potrebbe rivelare ciò che la sua analisi Top Down di Language Games (LG) ha fatto. Le difficoltà che ha notato sono capire ciò che è sempre davanti ai nostri occhi e catturare la vaghezza – cioè, "la più grande difficoltà in queste indagini è trovare un modo di rappresentare la vaghezza" (LWPP1, 347). E così, il discorso (cioè, contrazioni muscolari orali, il modo principale in cui interagiamo) non è una finestra nella mente, ma è la mente stessa, che si esprime con esplosioni acustiche su atti passati, presenti e futuri (cioè, il nostro discorso usando i successivi giochi linguistici evoluti (LG) del Sé Second - le disposizioni come immaginare, conoscere, credere, intendere, ecc.). Alcuni degli argomenti preferiti di W nel suo secondo e terzo periodo sono i meccanismi di interdigitazione del pensiero veloce e lento (Sistema 1 e 2), l'irrilevanza della nostra "vita mentale" soggettiva al funzionamento del linguaggio e l'impossibilità del linguaggio privato. Il fondamento del nostro comportamento sono i nostri involontari, System 1, fast thinking, true-only, stati mentali- le nostre percezioni e ricordi e atti involontari, mentre l'evoluzionistica più tardi LG sono volontari, Sistema 2, pensiero lento, tecuabile vero o falso disposizionale (e spesso controfattuale) immaginando, suppo, intendendo, pensando, conoscendo, credendo ecc. Egli ha riconosciuto che 'Nothing is Hidden', cioè tutta la nostra psicologia e tutte le risposte a tutte le domande filosofiche sono qui nella nostra lingua (la nostra vita) e che la difficoltà non è trovare le risposte, ma riconoscerle come sempre qui di fronte a noi , dobbiamo solo smettere di cercare di guardare più in profondità (ad esempio, in LWPP1 "il più grande pericolo qui è voler osservare se stessi").

W non sta legiferando i confini della scienza, ma sottolineando il fatto che il nostro comportamento (per lo più discorso) è il quadro più chiaro possibile della nostra psicologia. FMRI, PET, TCMS, iRNA, analoghi computazionali, IA e tutto il resto sono modi affascinanti e potenti per descrivere ed estendere la nostra innata psicologia assiomatica, ma tutto quello che possono fare è fornire la base fisica per il nostro comportamento, moltiplicare i nostri giochi linguistici ed estendere S2. Gli assiomi veri di "On Certainty" sono "bedrock" o "background" di W (e più tardi di Searle) o "background", che oggi chiamiamo psicologia evolutiva (EP), e che è riconducibile alle reazioni vere e automatiche dei batteri, che si sono evoluti e operano con il meccanismo di fitness inclusivo (IF),cioè, per selezionenaturale.

Guarda le recenti opere di Trivers per una popolare introduzione ai superbi "Principi di evoluzione sociale" di IF o Bourke per un'introduzione pro. La recente parodia del pensiero evolutivo di Nowak e Wilson non influisce in alcun modo sul fatto che l'IF è il primo meccanismo di evoluzione per selezione naturale (vedi la mia recensione de 'La conquista sociale della terra' (2012)).

Come W si sviluppa in OC, la maggior parte della nostra esperienza pubblica condivisa (cultura) diventa una vera estensione solo (cioè, S2 Hinges o S2H) del nostro EP assiomatico (cioè, S1 Hinges o S1H) e non può essere trovato 'sbagliato' senza minacciare la nostra sanità mentale, come haosservato, un 'errore' in S1 (nessun test) ha conseguenze profondamente diverse da uno in S2 (testable). Un corollario, ben spiegato da DMS e chiarito nel suo modo unico da Searle, è che la visione scettica del mondo e di altre menti (e una montagna di altre sciocchezze) non può ottenere un appiglio, come "realtà" è il risultato di involontari assiomi 'pensiero veloce' e proposizioni non teabili (come direi io).

E 'chiaro per me che l'innato solo assiomi vero W è occupato con tutto il suo lavoro, e soprattutto in OC, sono equivalenti al pensiero veloce o Sistema 1 che è al centro della ricerca corrente (ad esempio, vedi Kahneman --"Pensare veloce e lento", ma né lui, né nessuno afaik, ha alcuna idea W stabilito il quadro oltre 50 anni fa), che è involontario e automatico e automatico che corrisponde agli stati mentali della percezione, emozione e memoria, come W note più e più volte. Si potrebbero chiamare questi "riflessi intracerebrali" (forse il 99% di tutti i nostri cerebilli se misurati dall'uso di energia nel cervello). La nostra lenta o riflessiva, più o meno "consapevole" (attenzione a un'altra rete di giochi linguistici!) secondo-auto attività cerebrale corrisponde a quello che W caratterizzato come "ioni disposit"o "inclinazioni", che si riferiscono a abilità o possibili azioni, non sono stati mentali, sono coscienti, deliberati e proposizionali (vero o falso), e non hanno alcun tempo definito di occorrenza.

Come nota W, le parole di disposizione hanno almeno due usi di base. Uno è un uso per lo più filosofico peculiare (ma laurearsi in usi quotidiani) che si riferisce alle frasi vere risultanti da percezioni dirette e memoria, cioè, la nostra innata psicologia assiomatica S1 ('So che queste sono le mie mani'), originariamente definita Causally Self Referenziale (CSR) da Searle (ma ora Causally Self-Reflexive) o riflessiva o intransitiva nei Libri Blu e Brown (BBB) di W e l'uso di S2, che è il loro normale uso come disposizioni, che possono essere interpretati, e che possono diventare vero o falso ('So che la mia strada di casa')-cioè, hanno Condizioni di Soddisfazione (COS) in senso stretto, e non sono CSR (chiamato transitivo in BBB). L'equazione di questi termini dalla psicologia moderna con quelli utilizzati da W e S (e molto altro qui) è la mia idea, quindi non aspettatevi di trovarlo nella letteratura (tranne i miei libri, articoli e recensioni on viXra.org, philpapers.org, researchgate.net, academia.edu,Amazon, libgen.io, b-ok.org ecc.).

Anche se raramente toccata dai filosofi, l'indagine del pensiero veloce involontario ha rivoluzionato la psicologia, l'economia (ad esempio, il premio Nobel di Kahneman) e altre discipline con nomi come "illusioni cognitive", "priming", "cognizione implicita", "framing" , "euristica" e "bias". Naturalmente anche questi sono giochi linguistici, quindi ci saranno modi sempre meno utili per usare queste parole, e gli studi e le discussioni variano da "puro" Sistema 1 a combinazioni di 1 e 2 (la norma come W ha chiarito, ma naturalmente non ha usato questa terminologia), ma presumibilmente non mai del lento pensiero a disposizione S2 solo, poiché qualsiasi pensiero (azione intenzionale) non può avvenire senza coinvolgere gran parte dell'intricata rete S1 dei "moduli cognitivi", dei "motori di inferenza", dei "riflessi intracerebrali", degli "automatismi", degli "assiomi cognitivi", dello "sfondo" o del "bedrock" (come W e Searle chiamano il nostro EP) che devono anche utilizzare S1 per muovere i muscoli (azione).

Segue sia il lavoro del terzo periodo di W che dalla psicologia contemporanea, che 'volontà', 'sé' e 'coscienza' (che come note di Searle sono presupposte da ogni discussione di intenzionalità) sono elementi assiomatici solo veri di S1, composti da percezioni, ricordi e riflessi., e non vi è alcuna possibilità (intelligibilità) di dimostrare (di dare il senso di) la loro falsità. Come W ha chiarito numerose volte, esse sono la base del giudizio e quindi non possono essere giudicate. Gli assiomi veri della nostra psicologia non sono probatori. Come ha detto notoriamente in OC p94" "ma non ho avuto la mia foto del mondo soddisfacendomi della sua correttezza: né ce l'ho perché sono soddisfatto della sua correttezza. -no: è lo sfondo ereditato in cui distinguo tra vero e falso."

Una frase esprime un pensiero (ha un significato), quando ha chiare Condizioni di Soddisfazione (COS), cioè condizioni di verità pubblica. Da qui il commento di W: "Quando penso nel linguaggio, non ci sono 'significati' che mi passano per la mente oltre alle espressioni verbali: il linguaggio è esso stesso il veicolo del pensiero". E, se penso con o senza parole, il pensiero è quello che (onestamente) dico che è, come non c'è nessun altro criterio possibile (COS). Così gli aforismi di W (p132 nel bel libro di Budd su W) – "È nel linguaggio che desiderio e realizzazione si incontrano e come tutto ciò che è metafisico, l'armonia tra il pensiero e la realtà si trova nella grammatica della lingua." E si potrebbe notare qui che la "grammatica" in W puònormalmente essere tradotta come EP o LSR (DPHOT - vedi tavolo) e che, nonostante i suoi frequenti avvertimenti contro la teorizzazione e la generalizzazione (per il quale è spesso erroneamente criticato da Searle), questo è circa come ampia una caratterizzazione della psicologia descrittiva di ordine superiore (filosofia) come si può trovare (come nota anche il DMS).

W è corretto che non c'è uno stato mentale che costituisce significato, e Searle osserva che c'è un modo generale per caratterizzare l'act di significato "significato parlante... è l'imposizione di condizioni di soddisfazione sulle condizioni di soddisfazione" - che significa parlare o scrivere unafrase benformata che esprime COS in un contesto che può essere vero o falso, e questo è un atto e non uno stato mentale. E una proposta è qualsiasi cosa che possa essere in una relazione intenzionale con il mondo, e poiché queste relazioni intenzionali determinano sempre condizioni di soddisfazione, e una proposizione è definita come qualsiasi cosa sufficiente a determinare le condizioni di soddisfazione, si scopre che tutta l'intenzionalità è una questione di proposizioni." - proposizioni che sono eventi pubblici che possono essere veri o falsi – conl'uso perverso della parola per i veri assiomi di S1 da Searle, Coliva e altri. Quindi, il famoso commento di W di PI p217: "Se Dio ci avesse guardato nella mente non sarebbe stato in grado di vedere lì di cui stavamo parlando", e i suoi commenti che l'intero problema della rappresentazione è contenuto in "questo è Lui" e "ciò che dà all'immagine la sua interpretazione è il percorso su cui si trova", o come dice S la sua sommatoria di COS. E il fatto che qualche evento fermi il mio desiderio non significa che lo adempia. Forse non avrei dovuto essere soddisfatto se il mio desiderio fosse stato soddisfatto. Supponiamo che gli venisse chiesto - so cosa ho tempo per molto tempo prima di ottenerlo? Se ho imparato a parlare, allora lo so.

Uno dei temi ricorrenti di W è ora chiamato Teoria della Mente, o come preferisco, Comprensione del Libero Arbitrio (UA). Ian Apperly, che sta analizzando attentamente UA1 e UA2 (cioè UA di S1 e S2) in esperimenti, è diventato consapevole del lavoro di Daniel Hutto, che ha caratterizzato UA1 come una fantasia (cioè, nessuna 'Teoria' né rappresentazione può essere coinvolta in UA1-- che è riservato a UA2 - vedi la mia recensione del suo primo libro con Myin). Tuttavia, come altri psicologi, Apperly non ha idea di W di cui questo 80 anni fa. È facilmente difendibile che il nucleo della fiorente letteratura sulle illusioni cognitive, la cognizione implicita, gli automatismi e il pensiero di ordine superiore sia compatibile con W e direttamente deducibile da W. Nonostante il fatto che la maggior parte di questi documenti sia nota a molti da decenni (e anche a 3/4 di secolo nel caso di alcuni insegnamenti di W), raramente ho visto qualcosa avvicinarsi a una discussione adeguata in filosofia o in altritesti scientifici orali behavi, e comunemente non c'è quasi una menzione.

Dopo mezzo secolo di oblio, la natura della coscienza è ora l'argomento più caldo nelle scienze comportamentali e nella filosofia. A partire dal lavoro pionieristico di Ludwig Wittgenstein negli anni '30 (i libri blu e marroni) fino al 1951, e dagli anni '50 ad oggi dei suoi successori Searle, Moyal-Sharrock, Read, Hacker, Stern, Horwich, Winch, Finkelstein ecc., ho creato la seguente tabella come euristica per promuovere questo studio. Le righe mostrano vari aspetti o modi di studio e le colonne mostrano i processi involontari e i comportamenti volontari che comprendono i due sistemi (processi duali) della struttura logica della coscienza (LSC), che possono anche essere considerati come la struttura logica Razionalità (LSR-Searle), del comportamento (LSB), della personalità (LSP), della Mente (LSM), del linguaggio (LSL), della realtà (LSOR), dell'intenzionalità (LSI) -il termine filosofico classico , la Psicologia Descrittiva della Coscienza (DPC), la Psicologia Descrittiva del Pensiero (DPT) –o meglio, Il Linguaggio della Psicologia Descrittiva del Pensiero (LDPT), termini introdotti qui e nei miei altri scritti recenti.

Le idee per questo tavolo hanno avuto origine a Wittgenstein, e un tavolo molto più semplice di Searle, e correla con ampie tabelle e grafici nei tre recenti libri sulla natura umana di P.M.S Hacker. Le ultime 9 file provengono dalla ricerca decisionale,principalmente da Johnathan St. B.T. Evans e colleghi, come rivisto da me.

Il sistema 1 è involontario, riflessivo o automatizzato "Regole" R1 mentre Pensiero(Cognizione) non ha lacune ed è volontario o deliberativo "Regole" R2 e Disposto(Volontà) ha 3 lacune (vedi Searle).

Suggerisco di descrivere più chiaramente il comportamento cambiando "imporre condizioni di soddisfazione a condizioni di soddisfazione" di "mettere in relazione gli stati mentali con il mondo muovendo i muscoli", cioè parlare, scrivere e fare, e la sua "mente alla direzione del mondo di adattarsi"e "mondo alla direzione di vestibilità" per "causa ha origine nella mente" e "causa ha origine nel mondo" S1 è solo verso l'alto causale (da mondo a mente) e privo di contenuto (mancanza di rappresentazioni o informazioni) mentre S2 ha contenuto ed è verso il basso causale (mente al mondo). Ho adottato la mia terminologia in questa tabella.

A PARTIRE DAL L'ANALISI DEI GIOCHI DI LINGUA

	Disposizione*	Emozione	Memoria	Percezione	Desiderio	PI**	IA***	Azione/Parola
La causa proviene da ********	Mondo	Mondo	Mondo	Mondo	Mente	Mente	Mente	Mente
Provoca cambiamenti in *****	Nessuna	Mente	Mente	Mente	Nessuna	Mondo	Mondo	Mondo
Causalmente autoriflessivo ******	No	Sì	Sì	Sì	No	Sì	Sì	Sì
Vero o Falso (verificabile)	Sì	Solo vero	Solo vero	Solo vero	Sì	Sì	Sì	Sì
Condizioni pubbliche di soddisfazione	Sì	Sì/No	Sì/No	No	Sì/No	Sì	No	Sì
Descrivere Uno stato mentale	No	Sì	Sì	Sì	No	No	Sì/No	Sì
Priorità evolutiva	5	4	2,3	1	5	3	2	2
Contenuti volontari	Sì	No	No	No	No	Sì	Sì	Sì
Inizio volontario	Sì/No	No	Sì	No	Sì/No	Sì	Sì	Sì
Sistema cognitivo *******	2	1	2/1	1	2 / 1	2	1	2
Cambia intensità	No	Sì	Sì	Sì	Sì	No	No	No
Durata precisa	No	Sì	Sì	Sì	No	No	Sì	Sì
Ora, Luogo (Qui e ora/Lì e poi) ********	Lì e Poi	Qui e Ora	Qui e Ora	Qui e Ora	Lì e Poi	Lì e Poi	Qui e Ora	Qui e Ora
Qualità speciale	No	Sì	No	Sì	No	No	No	No
Localizzato nel corpo	No	No	No	Sì	No	No	No	Sì
Espressioni corporee	Sì	Sì	No	No	Sì	Sì	Sì	Sì
Auto contraddizioni	No	Sì	No	No	Sì	No	No	No
Ha bisogno di un Sé	Sì	Sì/No	No	No	Sì	No	No	No
Ha bisogno di linguaggio	Sì	No	No	No	No	No	No	Sì/No

DALLA RICERCA DECISIONALE

	Disposizione*	Emozione	Memoria	Percezione	Desiderio	PI**	IA***	Azione/Parola
Effetti subliminali	No	Sì/No	Sì	Sì	No	No	No	Sì/No
Associativo/Basato su Regole	BR	A/BR	A	A	A/BR	BR	BR	BR
Dipendente dal Contesto/Astratto	A	DC/A	DC	DC	DC/A	A	DC/A	DC/A
Seriale/Parallelo	S	S/P	P	P	S/P	S	S	S
Euristica/Analitica	A	E/A	E	E	E/A	A	A	A
Esigenze Lavorando Memoria	Sì	No	No	No	No	Sì	Sì	Sì
Dipendente dall'intelligence generale	Sì	No	No	No	Sì/No	Sì	Sì	Sì
Caricamento cognitivo Inibisce	Sì	Sì/No	No	No	Sì	Sì	Sì	Sì
L'eccitazione facilita o inibisce	I	F/I	F	F	I	I	I	I

Le Condizioni Pubbliche di Soddisfazione di S2 sono spesso indicate da Searle e altri come COS, Rappresentazioni, produttori di verità o significati (o COS2 da me), mentre i risultati automatici di S1 sono designati come presentazioni da altri (o COS1 da me).

* Inclinazioni, capacità, preferenze, rappresentazioni, azioni possibili ecc.
** Le precedenti intenzioni di Searle
*** L'intenzione di Searle in azione
**** Searle's direzione di adattamento
***** La direzione della causazione di Searle
****** (Lo stato mentale istanzia - Cause o soddisfa se stesso). Searle in precedenza lo chiamava causalmente autoreferenziale.
******* Tversky / Kahneman / Frederick / Evans / Stanovich hanno definito i sistemi cognitivi.
******** Qui e ora/Lì e poi

E 'di interesse confrontare questo con le varie tabelle e grafici in recente 3 volumi di Peter Hacker sulla natura umana. Bisogna sempre tenere a mente la scoperta di Wittgenstein che dopo aver descritto i possibili usi (significati, produttori di verità, Condizioni di Satisfacti)del linguaggio in un particolare contesto, abbiamo esaurito il suo interesse, e i tentativi di spiegazione (cioè la filosofia) ci allontanano dalla verità. Ci ha mostrato che c'è solo un problema filosofico, l'uso di frasi (giochi linguistici) in un contesto inappropriato, e quindi una sola soluzione, che mostra il contesto corretto.

SPIEGAZIONE DELLA TABELLA

Sistema 1 (cioè, emozioni, memoria, percezioni, riflessi) quali parti del cervello presenti alla coscienza, sono automatizzate e generalmente accadono in meno di 500msec, mentre il sistema 2 è la capacità di eseguire azioni lentezze lentezze che sono rappresentate nella deliberazione cosciente (S2D-my terminology) che richiedono oltre 500msec, ma le azioni S2 ripetute frequentemente possono anche essere automatizzate (S2A-my terminolog). C'è una gradazione della coscienza dal coma attraverso le fasi del sonno alla piena consapevolezza. La memoria include memoria a breve termine-(memoria di lavoro) del sistema 2 e memoria alungo termine del sistema 1. Per volizioni di solito si potrebbe dire che hanno successo o no, piuttosto che vero o falso. S1 è causalmente auto-riflessivo poiché la descrizione della nostra esperienza percettiva - la presentazione dei nostri sensi alla coscienza, può essere descritta solo nelle stesse parole (come la stessa COS - Searle) come descriviamo il mondo, che preferisco chiamare il percetto o COS1 per distinguerlo dalla rappresentazione o pubblico COS2 di S2.

Naturalmente, le varie righe e colonne sono collegate logicamente e psicologicamente. Ad esempio, Emozione, Memoria e Percezione nella riga Vero o Falso saranno Solo True, descriverà uno stato mentale, appartengono al sistema cognitivo 1, non sarà generalmente avviato volontariamente, sono causalmente auto-riflessivo, causa ha origine nel mondo e provoca cambiamenti nella mente, hanno una durata precisa, cambiamento di intensità, si verificano qui e ora, comunemente hanno una qualità speciale, non hanno bisogno di linguaggio, sono indipendenti dall'intelligenza generale e dalla memoria di lavoro, non sono inibiti dal carico cognitivo, non avranno contenuti volontari, e non avranno condizioni pubbliche di soddisfazione ecc.

Ci saranno sempre ambiguità perché le parole (concetti, giochi linguistici) non possono corrispondere con precisione alle effettive funzioni complesse del cervello (comportamento), cioè, c'è un'esplosione combinatoria di contesti (nelle frasi e nel mondo), e nelle infinite variazioni di "stati cerebrali" ('stati mentali o modello di attivazioni di miliardi di neuroni che possono corrispondere a 'vedere una mela rossa') e questo è uno dei motivi per cui non è possibile 'ridurre' il comportamento di ordine superiore a un "sistema di leggi" che avrebbe dovuto dichiarare tutti i possibili contesti – gli avvertimenti di Wittgenstein contro le teorie. E ciò che conta come "riduzione" e come "legge" e "sistema" (vedi ad esempio Nancy Cartwright). Questo è un caso speciale dell'irriducibilità delle descrizioni di livello superiore a quelle di livello inferiore che è stato spiegato molte volte da Searle, DMS, Hacker, W e altri.

Circa un milione di anni fa i primati hanno sviluppato la capacità di usare i muscoli della gola per creare complesse serie di rumori (cioè discorsi primitivi) per descrivere gli eventi attuali (percezioni, memoria, azioni riflessive) con alcuni giochi di lingua primaria o primitiva (PLG). Il sistema 1 è composto dastati mentali" veloci, automatizzati, subcorticali, non rappresentativi, causalmente auto-riflessivi, intransitivi, indifesi, veri e propri "con un tempo e una posizione precisi, e nel tempo ci si è evoluto nei centri corticali superiori S2 con l'ulteriore capacità di descrivere gli spostamenti nello spazio e nel tempo degli eventi (il passato e il futuro e spesso ipotetici, controfattuali, condizionali o preferenze, inclinazioni o disposizioni - i Secondary or Sophisticated Language Games (SLG) del System 2 che sono lenti, corticali, coscienti, informazioni contenenti, transitivo (avere condizioni pubbliche di soddisfazione- Il termine di Searle per i veritieri o significato che divido in COS1 e COS2 per il privato S1 e pubblico S2), rappresentativo (che divido di nuovo in R1 per le rappresentazioni S1 e R2 per S2) , o falso propositional , con tutte le funzioni S2 che non hanno tempo preciso e non hanno capacità e non stati mentali. Le preferenze sono Intuizioni, Tendenze, Regole Ontologiche Automatiche, Comportamenti, Abilità, Moduli Cognitivi, Tratti di Personalità, Modelli, Motori di Inferenza, Inclinazioni, Disposizioni, Emozioni (descritti da Searle come desideri agitati), Atteggiamenti proposizionali (corretti solo se usati per riferirsi agli eventi nel mondo e non alle proposizioni), Analisi, Capacità, Ipotesi. Alcune emozioni si stanno lentamente sviluppando e cambiando i risultati delle disposizioni S2 (W - 'Osservazioni sulla filosofia della psicologia' V2 p148) mentre altre sono tipiche S1, automatiche e veloci per apparire e scomparire. "Credo", "lui ama", "pensano" sono descrizioni di possibili atti pubblici tipicamente dèposizionato nello spazio-tempo. Le miedichiarazioni in prima persona su dime sono solo vere (escluse le menzogne) –cioè S1, mentre le dichiarazioni in terza persona sugli altri sono vere o false –cioè, S2 (vedi le mie recensioni di Johnston 'Wittgenstein: Rethinking the Inner' e di Budd 'Wittgenstein's Philosophy of Psychology').

Le "preferenze" come classe di stati intenzionali - opposte a percezioni, atti riflessivi e ricordi - furono inizialmente chiaramente descritte da Wittgenstein (W) negli anni '30 e definite "inclinazioni" o "disposizioni". Essi sono stati comunemente indicati "atteggiamenti proposizionali" dal momento che Russell, ma è stato spesso notato che si tratta di una frase errata o fuorviante since credere, intendere, conoscere, ricordare ecc., spesso non sono proposizionali né atteggiamenti, come è stato dimostrato ad esempio, da W e da Searle (ad esempio, cf Consciousness e Language p118). Le preferenze sono rappresentazioni pubbliche intrinseche e indipendenti dall'osservatore (a differenza delle presentazioni o delle rappresentazioni del sistema 1 al sistema 2 – Searle-Consciousness e Language p53). Sono atti potenziali spostati nel tempo o nello spazio, mentre i ricordi di percezione S1 evolutivamente più primitivi e azioni riflessive sono sempre qui e ora. Questo è un modo per caratterizzare System 2 -il secondo grande progresso nella psicologia dei vertebrati dopo il Sistema 1 - la capacità di rappresentare (stato pubblico COS per) eventi e di pensare a loro come si verificano in un altro luogo o tempo (la terza facoltà di immaginazione controfattuale di Searle completando la cognizione e la volontà). I "pensieri" S1 (il mio T1-cioè, l'uso del "pensiero" per riferirsi ai processi cerebrali automatici del Sistema Uno) sono stati mentali potenziali o inconsci di S1 --Searle-- Phil Issues 1:45-66(1991).

Percezioni, ricordi e azioni riflessive (automatiche) possono essere descritti da LG primari(PLG -- ad esempio, vedo il cane) e ci sono, nel caso normale, NO TESTS possibili in modo che possano essere True-Only- cioè, assiomatici come preferisco o riflessi animali come W e DMS descrivono. Disposizioni possono be descritto come LG secondario(SLG – ad esempio credo di vedere il cane) e deve anche essere agito, anche per me nel mio caso (cioè, come faccio a sapere quello che credo, credo, sentire fino a quando agisco o qualche evento si verifica, vedere le mie recensioni dei libri ben noti su W da Johnston e Budd. Si noti che le disposizioni diventano Azioni quando parlate o scritte, oltre ad essere recitate in altri modi, e queste idee sono tutte dovute a Wittgenstein (metà 1930) e NON sono comportamentisti (Hintikka & Hintikka 1981, Searle, Hacker, Hutto ecc.). Wittgenstein può essere considerato come il fondatore della psicologia evolutiva e il suo lavoro un'indagine unica sul funzionamento della nostra psicologia assiomatica del sistema 1 e sulla sua interazione con il Sistema 2. Dopo che Wittgenstein ha gettato le basi per la Psicologia descrittiva del pensiero di ordine superiore nei libri blu e brownie nei primi anni '30, è stato esteso da John Searle, che ha reso una versione più semplice del mio tavolo qui nel suo libro classico Rationality in Action (2001). Questa tabella si espande sull'indagine di W sulla struttura assiomatica della psicologia evolutiva sviluppata fin dai suoi primi commenti nel 1911 e così splendidamente strutturata nella sua ultima opera 'On Certainty' (OC) (scritto nel 1950-51). OC è la prima pietra del comportamento o dell'epistemologia e dell'ontologia (probabilmente la stessa di semantica e pragmatica), la linguistica cognitiva o il pensiero dell'ordine superiore, e a mio parere (condivisa ad esempio, dal DMS) l'opera più importante in filosofia (psicologia descrittiva) e quindi nello studio del comportamento. Percezione, Memoria, Azioni riflessive ed Emozione sono primitivi in parte Subcortical Involuntary Mental States, in cui la mente si adatta automaticamente (presenta) il mondo (è Causally Self Reflexive--Searle) - l'indiscutibile, vero-solo, base assiomatica della razionalità su cui nessun controllo è possibile.

Preferenze, Desideri e Intenzioni sono descrizioni di abilità volontarie consapevoli, che possono essere descritte in SLG, in cui la mente cerca di adattare (rappresentare) il mondo. Il comportamento e tutte le altre confusioni della nostra psicologia descrittiva di default (filosofia) sorgono perché non possiamo vedere S1 lavorare e descrivere tutte le azioni come le azioni deliberate coscienti di S2 (L'Illusione Fenomenoscopica TPI - Searle). W lo capì e lo descrisse con ineguagliabile chiarezza con centinaia di esempi di linguaggio (la mente) in azione in tutte le sue opere. La ragione ha accesso alla memoria e quindi usiamo motivi consapevolmente apparenti ma spesso errati per spiegare il comportamento (i Due Selve o Sistemi o Processi della ricerca corrente). Credenze e altre Disposizioni possono essere descritte come pensieri che cercano di abbinare i fatti del mondo (mente alla direzione del mondo di vestibilità), mentre Volitions sono intenzioni di agire (Intenzioni precedenti - PI, o Intenzionali in azione – IA, Searle) più atti che cercano di abbinare il mondo ai pensieri - mondo alla direzione di adattamento - cf.,

A volte ci sono lacune nel ragionamento per arrivare alla fede e altre disposizioni. Le parole a disposizione possono essere usate come sostantivi che sembrano descrivere gli stati mentali ('il mio pensiero è... ") ,, o come verbi o aggettivi per descrivere le abilità (agenti come agiscono o potrebbero agire -'Penso che... ') e sono spesso erroneamente chiamati "Atteggiamenti proposizionali". Le percezioni diventano Ricordi e i nostri programmi innati (moduli cognitivi, modelli, motori di inferenza di S1) usano questi per produrre Disposizioni - (credere, conoscere, capire, pensare, ecc., - atti pubblici reali come il linguaggio (pensiero, mente) chiamato anche Inclinazioni, Preferenze, Capacità, Rappresentazioni di S2) e Volizione, e non c'è linguaggio (concetto, pensiero) di "statimentali privati" per pensare o disposti (cioè, nessun linguaggio privato, pensiero o pensiero). Gli animali più alti possono pensare e agiranno e in tal senso hanno una psicologia pubblica.

PERCEZIONI: (X è vero): udito, vedere, odore, dolore, tocco, temperatura

RICORDI: Ricordare (X era vero)

PREFFERENZE, INCLINAZIONI, DISPOSIZIONI: (: (X potrebbe diventare True):

CLASSE 1: DI PROPOSIZIONE (Vero o Falso) ATTI PUBBLICI di Credere, Giudicare, Pensare, Comprendere, Scegliere, Decidere, preferire, interpretare, sapere (comprese le competenze e le capacità), Frequentare (Imparare), Sperimentare, Significato, Ricordare, Intending, Considering, Desiring, Expecting, Wishing, Hopinging (unaclassespeciale), Vedere come (Aspetti).

CLASSE 2: MODALITÀ DECOLLATA - (come se, condizionale, ipotetico, immaginario) - Sognare, Immaginare, Mentire, Prevedere, Dubitare.

CLASSE 3: EMOZIONI: Amare, Odiare, Temere, Dolore, Gioia, Gelosia, Depressione. La loro funzione è quella di modulare le preferenze per aumentare la forma fisica inclusiva (prevista massima utilità) facilitando l'elaborazione delle informazioni delle percezioni e dei ricordi per un'azione rapida. C'è una certa separazione tra le emozioni S1 come la rabbia e la paura e S2 come l'amore, l'odio, il disgusto e la rabbia. Possiamo considerarli come fortemente sentiti o recitati come desideri.

DESIDERI: (Voglio che X sia vero, voglio cheil mondo si adatti ai miei pensieri): Brama, Sperando, Prevedendo, In Attesa, Avendo Bisogno, Richiedendo, obbligato a fare.

INTENZIONI: (Farò X Vero) Intendendo.

AZIONES: (Sto facendo X Vero) : Agire, Parlare , Lettura, Scrittura, Calcolo, Persuadere, Mostrare, Dimostrare, Convincere, Fare Provare, Tentare, Ridere, giocare, mangiare, bere, piangere, affermare (Descrivere, Insegnare, Prevedere, Riferire), Promettere, Fare o utilizzare mappe, Libri, Disegni, Programmi informatici – questi sono Pubblici e Volontari e trasferiscono informazioni ad altri in modo che dominino sopra i riflessi di Inconscio, Involontario e Senza informazioni S1 nelle spiegazioni del comportamento ((The Phenomenological Illusion (TPI), The Blank Slate (BS) o lo Standard Social Science Model (SSSM).

Le parole esprimono azioni che hanno varie funzioni nella nostra vita e non sono i nomi degli oggetti, né di un singolo tipo di evento. Le interazioni sociali degli esseri umani sono governate da moduli cognitivi, più o meno equivalenti agli script o agli schemi della psicologia sociale (gruppi di neuroni organizzati in motori di inferenza), che, con percezioni e ricordi, portano alla formazione di preferenze che portano alle intenzioni e poi alle azioni. L'intenzionalità o la psicologia intenzionale può essere presa per essere tutti questi processi o solo preferenze che portano ad azioni e in senso più ampio è il soggetto della psicologia cognitiva o neuroscienze cognitive quando traduci neurofisiologia, neurochimica e neurogenetica. La psicologia evolutiva può essere considerata come lo studio di tutte le funzioni precedenti o del funzionamento dei moduli che producono comportamento, ed è quindi coestensiva nell'evoluzione, nello sviluppo e nell'azione individuale con preferenze, intenzioni e azioni. Poiché gli assiomi (algoritmi o moduli cognitivi) della nostra psicologia sono nei nostri geni, possiamo ampliare la nostra comprensione e aumentare il nostro potere dando descrizioni chiare di come funzionano e possono estenderli (cultura) attraverso biologia, psicologia, filosofia (psicologia descrittiva), matematica, logica, fisica e programmi informatici, rendendoli così più veloci ed efficienti. Hajek (2003) fornisce un'analisi delle disposizioni poiché le probabilità condizionali which sono algoritmiizzate da Rott (1999), Spohn ecc.

L'intenzionalità (psicologia cognitiva o evolutiva) consiste in vari aspetti del comportamento che sono innatamente programmati in moduli cognitivi che creano e richiedono coscienza, volontà e sé, e negli adulti umani normali quasi tutti tranne le percezioni e alcuni ricordi sono pretestuosi, richiedono atti pubblici (ad esempio, il linguaggio), e ci impegnano a relazioni al fine di aumentare la nostra Idoneità inclusiva (massima utilità attesa o massima utilità bayesiana). Tuttavia, il bayesianismo è altamente discutibile a causa della grave indeterminazione - cioè, può "spiegare" qualsiasi cosa e quindi nulla. Ciò avviene attraverso il dominio e l'altruismo reciproco, spesso con conseguente Desire Independent Reasons for Action (Desiderio IndipendenteRagioni per l'Azione) (Searle) - che divido in DIRA1 e DIRA2 per S1 e S2) e impone Condizioni di Soddisfazione sulle Condizioni di Soddisfazione (Searle) - (cioè, racconta i pensieri al mondo attraverso atti pubblici (movimenti muscolari), producendo matematica, lingua, arte, musica, sesso, sport ecc. Le basi di questo sono state individuate dal nostro più grande psicologo naturale Ludwig Wittgenstein dal 1930 al 1951, ma con chiare prefigurazioni nel 1911, e con raffinatezze da molti, ma soprattutto da John Searle a partire dagli anni '60. "L'albero generale dei fenomeni psicologici. Mi sforzo non per l'esattezza, ma per una visione del tutto. RPP Vol 1 p895, cf - p464. Gran parte dell'intenzionalità (ad esempio, i nostri giochi linguistici) ammette di laurea. Come W ha notato, le inclinazioni sono a volte coscienti e deliberative. Tutti i nostri modelli (funzioni, concetti, giochi linguistici) hanno bordi sfocati in alcuni contesti, in, quanto devono essere utili.

Ci sono almeno due tipi di pensiero (cioè due giochi linguistici o modi di utilizzare il disposizionale verb 'pensiero')-non razionale senza consapevolezza e razionale con consapevolezza parziale(W), ora descritto come il pensiero veloce e lento di S1 e S2. È utile considerarli come giochi linguistici e non come semplici fenomeni (W RPP Vol2 p129). I fenomeni mentali (le nostre "esperienze) soggettive o interne sono epifenomenali, mancano di criteri, quindi mancano di informazioni anche per se stessi e quindi non possono svolgere alcun ruolo nella comunicazione, nel pensiero o nella mente. Pensare come tutte le disposizioni manca di qualsiasi test, non è uno stato mentale (a differenza delle percezioni di S1)e non contiene informazioni fino a quando non diventa un atto pubblico o un evento come nel discorso, nella scrittura o in altre contrazioni muscolari. Le nostre percezioni e i nostri ricordi possono avere informazioni (cioè un COS pubblico) solo quando si manifestano nelle azioni pubbliche, perché solo allora pensare, sentire ecc. avere un significato (conseguenze) anche per noi stessi.

La memoria e la percezione sono integrate da moduli in disposizioni che diventano psicologicamente efficaci quando vengono affrontate, cioè S1 genera S2. Sviluppare linguaggio significa manifestare la capacità innata degli esseri umani avanzati di sostituire le parole (contrazioni fini di muscoli orali o manuali) per atti (contrazioni lorde dei muscoli del braccio e delle gambe). TOM (Teoria delle Mente) è molto meglio chiamato UA-Understanding of Agency (Comprensione dell'agenzia) (il mio termine) e UA1 e UA2 per tali funzioni in S1 e S2 —e può anche essere chiamato Psicologia Evoluzionistica o Intenzionalità - la produzione innata geneticamente programmata di coscienza, sé, e il pensiero che porta alle intenzioni e poi alle azioni contraendo i muscoli, cioè, La comprensione è una disposizione come il pensiero e la conoscenza. Pertanto, "atteggiamento proposizionale" è un termine errato per il normale S2D deliberativo intuitivo (cioè il funzionamento deliberativo lento del sistema 2) o S2A automatizzato (cioè la conversione delle funzioni di discorso e azione del sistema 2 frequentemente praticate in funzioni automatiche veloci). Vediamo che gli sforzi della scienza cognitiva per capire il pensiero, le emozioni ecc. studiando neurofisiologia non ci diranno nulla di più su come funziona la mente (pensiero, linguaggio) (al contrario di come funziona il cervello) di quanto già sappiamo, perché "mente" (pensiero, linguaggio) è già in piena vista pubblica (W). Qualsiasi "fenomeno" nascosto in neurofisiologia, biochimica,genetica, meccanica quantistica o teoria delle stringhe, sono irrilevanti per la nostra vita sociale come il fatto che una tabella è composta da atomi che "obbediscono" (possono essere descritti da) le leggi della fisica e della chimica è quello di pranzare su di esso. Come W così notoriamente ha detto "Niente è nascosto". Tutto ciò che interessa la mente (pensiero, linguaggio) è aperto alla vista se esaminiamo solo attentamente il funzionamento del linguaggio. Il linguaggio (mente, discorso pubblico collegato a potenziali azioni) è stato evoluto per facilitare l'interazione sociale e quindi la raccolta di risorse, sopravvivenza e riproduzione. La sua grammatica (cioè psicologia evolutiva, intenzionalità) funziona automaticamente ed è estremamente confusa quando cerchiamo di analizzarla. Questo è stato spiegato frequentemente da Hacker, DMS e molti altri.

Come W ha notato con innumerevoli esempi attentamente dichiarati, parole e frasi hanno molteplici usi a seconda del contesto. Credo e mangio hanno ruoli profondamente diversi come credo e credo o credo e crede. L'attuale teso uso in prima persona di verbi inclinazionali come "credo" normalmente descrivono la mia capacità di prevedere i miei probabili atti basati sulla conoscenza (cioè, S2) ma può anche sembrare (in contesti filosofici) come descrittivi del mio stato mentale e quindi non basati su conoscenze o informazioni (W e vedi la mia recensione del libro di Hutto e Myin). Nel senso precedente di S1, non descrive una verità, ma si fa vero nell'atto di dirlo -- cioè, "Credo che stia piovendo" si fa verità. Cioè, i verbi di disposizione usati in prima persona il tempo presente possono essere causalmente auto-riflessivi -- si uniscono da soli ma poi non sono tesabili (cioè, non T o F, non S2). Tuttavia il tempo passato o futuro o l'uso in terzapersona-"Ho creduto" o "crede" o "crede" contenere o può essere risoltoda informazioni che sonovere o false, in quanto descrivono atti pubblici che sono o possono diventare verificabili. Allo stesso modo, "Credo che stia piovendo" non ha informazioni a parte le azioni successive, anche per me, ma "Credo che pioverà" o "penserà che sta piovendo" sono atti pubblici potenzialmente verificabili spostati nello spazio-tempo che intendono trasmettere informazioni (o disinformazione).

Le parole non riflettenti o non razionali (automatiche) pronunciate senza Prior Intent (che io chiamo S2A, cioè S2D automatizzate dalla pratica) sono state chiamate Parole come atte di W & poi da Daniele Moyal-Sharrock nel suo articolo in Psicologia Filosofica nel 2000).

Molte delle cosiddette Inclinazioni/Disposizioni/Preferenze/Tendenze/Capacità/Abilità sono Atteggiamenti non proposizioni (non proposizionali)(molto più utili per chiamarle funzioni o abilità) del Sistema 1 (Tversky Kahneman). Le intenzioni precedenti sono dichiarate da Searle come Stati mentali e quindi S1, ma penso che si debbano separare PI1 e PI2 poiché nel nostro linguaggio normale le nostre intenzioni precedenti sono le deliberazioni coscienti di S2. Percezioni, Ricordi, Disposizioni di tipo 2 (ad esempio, alcune emozioni) e molte Disposizioni di Tipo 1 sono meglio chiamate Riflessi di S1 e sono automatiche, non-prolezionali, NON-Proposizionali e non-Attitudinali delle cerniere (assiomi, algoritmi) della nostra Psicologia Evoluzionistica (Moyal-Sharrock dopo Wittgenstein).

Alcuni dei principali esponenti delle idee di W che considero lettura essenziale per una comprensione della psicologia descrittiva del pensiero di ordine superiore sono Coliva, Hutto, DMS, Stern, Horwich, Finkelstein e Read, che, come molti studiosi ora, hanno pubblicato la maggior parte del loro lavoro (spesso in forma di prestampa) gratuito online a <u>academia.edu,</u> philpapers.org,researchgate.net e altri siti, e naturalmente il diligente può trovare quasi tutto gratuito online tramite torrenti, p2p, libgen.io, b-ok.org ecc. Baker & Hacker si trovano nelle loro molte opere congiunte e sulla pagina personale di Hacker. Il defunto Baker si allontanò da una bizzarra interpretazione psicoanalitica e piuttosto nichilista che fu abilmente confutata da Hacker la cui "Interpretazione tardiva di Gordon Baker di Wittgenstein" è un must per leggere per qualsiasi studente di comportamento.

Si possono trovare infinite visioni dei cartoni animati metafisici della vita a causa del tentativo di spiegare il pensiero di ordine superiore di S2 in termini di quadro causale di S1, che Carruthers (C), Dennett, le Churchlands (3 degli attuali leader dello scientismo, computazionalismo o riduzionismo materialista - qui di seguito CDC - il mio acronimo per i centri per il controllo (filosofico) della malattia) e molti altri perseguono. Lo scientismo è stato spesso sfatato a partire da W nel BBB negli anni '30 quando ha notato che — "i filosofi vedono costantemente il metodo della scienza davanti ai loro occhi e sono irresistibilmente tentati di porre e rispondere alle domande nel modo in cui la scienza fa. Questa tendenza è la vera fonte della metafisica e porta il filosofo in completa oscurità" e da Searle, Read, Hutto, Hacker e innumerevoli altri da allora. Il tentativo di "spiegare" (in realtà solo per descrivere come W chiarito) S2 in termini causali è incoerente e anche per S1 è estremamente complesso e non è chiaro che i giochi linguistici molto diversificati di "causalità" possano mai essere applicati (come è stato notato molte volte) - anche la loro applicazione in fisica e chimica è variabile e spesso oscura (era gravità o lo strato di assciscione o ormoni o il vento o tutti loro che hanno fatto cadere la mela, e quando le cause iniziano e finiscono)? Ma come ha detto W - "ora se non sono le connessioni causali di cui ci occupiamo, allora le attività della mente si trovano aperte davanti a noi".

Tuttavia, suggerisco che è un grave errore vedere W come prendere entrambe le parti, come di solito stated,come lesue opinioni sono molto più sottili, il più delle volte non lasciando i suoi trialogues irrisolti. Si potrebbe trovare utile iniziare con le mie recensioni di W, S ecc., e poi studiare come gran parte di Leggere, Hutto, Horwich, Coliva, Hacker, Glock, DMS, Stern, ecc fattibile prima di scavare nella letteratura di causalità e la filosofia della scienza, e se si trova poco interessante farlo allora W ha colpito il segno.

Nonostante gli sforzi di W e di altri, mi sembra che la maggior parte dei filosofi abbia poca comprensione della sottigliezza dei giochi linguistici (ad esempio, gli usi drasticamente diversi di 'I know what I mean' e 'I oso che ora è'), o della natura delle disposizioni, e molti (ad esempio, CDC) basano ancora le loro idee su nozioni come il linguaggio privato , introspezione del 'discorso interiore' e del computazionalismo, che W pose a riposo 3/4 di secolo fa.

Prima di leggere qualsiasilibro, vado all'indice e bibliografia per vedere chi citano. Spesso il risultato più notevole degli autori è l'omissione completa o quasi completa di tutti gli autori che cito qui. W è facilmente il filosofo moderno più discusso con circa un nuovo libro e decine di articoli in gran parte o interamente dedicati a lui ogni mese. Ha il suo diario "Philosophical Investigations" e mi aspetto che la sua bibliografia superi quella dei prossimi 4 o 5 filosofi messi insieme. Searle è forse il prossimo tra i moderni (e l'unico con molte lezioni su YouTube, Vimeo, siti universitari ecc. - oltre 100, che, a differenza di quasi tutte le altre lezioni di filosofia, sono una delizia da ascoltare) e Hutto, Coliva, DMS, Hacker, Read, ecc., sono molto prominenti con decine di libri e centinaia di articoli, discorsi e recensioni. Ma il CDC e altri metafisici li ignorano e le migliaia di persone che considerano il loro lavoro di importanza critica.

Di conseguenza, il potente quadro W/S (così come quello della ricerca moderna nel pensiero) è totalmente assente e tutte le confusioni che ha eliminato sono abbondanti. Se leggete le mie recensioni e le opere stesse, si spera che la vostra visione della maggior parte della scrittura in questa arena possa essere molto diversa dalla loro. Ma come W insistette, bisogna lavorare gli esempi attraverso se stessi. Come spesso si è notato, i suoi processi socratici avevano un intento terapeutico.

Le argomentazioni definitive contro l'introspezione e il linguaggio privato sono annotate nelle mie altre recensioni e sono estremamente ben note. Fondamentalmente, sono semplici come torta, dobbiamo avere un test per distinguere tra A e B e i test possono essere solo esterni e pubblici. Lo ha illustrato con il 'Beetle in the Box'. Se tutti abbiamo una scatola che non può essere aperta né radiografata ecc. e chiamiamo ciò che è all'interno di uno 'scarabeo',, allora 'beetle' non può avere alcun ruolo nel linguaggio, perché ogni scatola potrebbe contenere una cosa diversa o addirittura essere vuota. Quindi, non c'è un linguaggio privato che solo io possa conoscere e nessuna introspezione del "discorso interiore". Se X non è pubblicamente dimostrabile non può essere una parola nella nostra lingua. Questo abbatte la teoria ISA di Carruther, così come tutte le altre teorie del "senso interiore" a cui fa riferimento. Ho spiegato lo smantellamento di W della nozione di introspezione e il funzionamento del linguaggio disposizionale ('atteggiamenti proposizionali') sopra e nelle mie recensioni di Budd, Johnston e molti dei libri di Searle. Vedere "Wittgenstein'sPhilosophical Investigations"di Stern(2004) per una bella spiegazione del linguaggio privato ed tutto di Readet al per arrivare alle radici di questi problemi come pochi fanno.

Il CDC evita l'uso della "I", in quanto presuppone l'esistenza di un "sé superiore". Ma, l'atto stesso di scrivere, leggere e tutti i linguaggi e concetti (giochi di lingua) presuppongono sé, coscienza e volontà, così tali conti sono cartoni animati contraddittori di sé di vita senza alcun valore (e impatto zero sulla vita quotidiana di chiunque). W /S e altri hanno da tempo notato che il punto di vista in prima persona non è solo intelligibilmente eliminabile o riducibile a una terza persona, ma l'assenza di coerenza non è un problema per le opinioni dei cartoni animati della vita. Allo stesso modo, con la descrizione della funzione cerebrale o del comportamento come 'computazionale', 'elaborazione delle informazioni' ecc,, - ben sfatato innumerevoli volte da W / S, Hutto, Read, Hacker e molti altri.

Scrivere che cerca di coniugare scienza e filosofia, con il significato di molti termini chiave che variano quasi a caso senza consapevolezza, è schizoide e senza speranza, ma ci sono migliaia di libri di scienza e filosofia come questo. C'è la descrizione (non spiegazione come W ha chiarito) del nostro comportamento e poi gli esperimenti di psicologia cognitiva. Molti di questi che si occupano di comportamento umano combinano il pensiero cosciente di S2 con gli automatismi inconsci di S1 (assorbire la psicologia in fisiologia). Spesso ci viene detto che sé, volontà e coscienza sono illusioni, poiché pensano di mostrarci il significato "reale" di questi termini, e che l'uso dei cartoni animati è quello valido. Cioè, S2 è "irreale" e deve essere riassunto dalle descrizioni scientifiche causali di S1. Quindi, una ragione per il passaggio dalla filosofia del linguaggio alla filosofia della mente. Vedi, ad esempio, la mia recensione del recente 'L'opacità della mente' di Carruther. Anche Searle è un trasgressore frequente qui come notato da Hacker, Bennet e Hacker, DMS, Coliva ecc.

Se qualcuno dice che non posso scegliere cosa avere a pranzo si sbaglia chiaramente, o se per scelta significa qualcos'altro come quella 'scelta' può essere descritto come avere una 'causa' o che non è chiaro come ridurre la "scelta" a "causa", quindi dobbiamo considerarlo illusorio, allora questo è banalmente vero (o incoerente), ma irrilevante per il modo in cui usiamo il linguaggio e come viviamo , che dovrebbe essere considerato come il punto da cui iniziare e terminare tali discussioni.

Forse si potrebbe considerare rilevante che fosse W, insieme a Kant e Nietzsche (grandi intelletti, ma nessuno dei due che fa molto per sciogliere i problemi della filosofia), che sono stati votati come migliori di tutti i tempi dai filosofi - non Quine, Dummett, Putnam, Kripke o CDC.

Si può vedere la somiglianza in tutte le domande filosofiche (nel senso stretto che considero qui, tenendo presente il commento di W che non tutto con l'aspetto di una domanda è uno). Vogliamo capire come il cervello (o l'universo) lo fa, ma S2 non è all'ora. È tutto (o per lo più) nelle macchinazioni inconsce di S1 tramite DNA. Non "sappiamo" ma il nostro DNA sì, grazie alla morte di innumerevoli trilioni di organismi in circa 3 miliardi di anni. Possiamo descrivere il mondo facilmente, ma spesso non siamo d'accordo su come dovrebbe essere una "spiegazione". Quindi,, lottiamo con la scienza e descriviamo sempre così lentamente i meccanismi della mente. Anche se dovessimo arrive a "completa" conoscenza del cervello, avremmo ancora solo una descrizione di quale modello neuronales corrispondono a vedere rosso, ma non è chiaro che cosa significherebbe (COS) avere una "spiegazione" del perché è rosso (cioè, qualia esistono). Come W ha detto, le spiegazioni finiscono da qualche parte.

Per coloro che afferrano quanto sopra, le parti filosofiche di Carruther "Opacità della Mente" (un importante lavoro recente della scuola CDC) sono costituite in gran parte dalle confusioni standard che derivano dall'ignorare il lavoro di W, S e centinaia di altri. Può essere chiamato Scientismo o Riduzionismo e nega la 'realtà' del nostro pensiero di ordine superiore, volontà, sé e coscienza, tranne perché questi sono dati un uso molto diverso e del tutto incompatibile nella scienza. Abbiamo, ad esempio, nessun motivo di azione, solo un cervello che provoca azione, ecc. Creano problemi immaginari cercando di rispondere a domande che non hanno un senso chiaro. Dovrebbe darci il senso che queste opinioni non hanno assolutamente alcun impatto sulla vita quotidiana di coloro che trascorrono la maggior parte della loro vita adulta promuovendole.

Questa situazione è ben riassunta da Rupert Read nel suo articolo 'The Hard Problem of Consciousness' - "il problema hardcore diventa sempre più remoto, più deumanizziamo gli aspetti della mente, come l'informazione e la percezione e l'intenzionalità. Il problema si troverà ad affrontare veramente solo se lo affronteremo come un "problema" che ha a che fare con interi esseri umani, incarnato in un contesto (indissolubilmente naturale e sociale) in un dato momento, ecc... allora può diventare perspicuo da uno che non c'è nessun problema. Solo quando si inizia, ad esempio, a "teorizzare" le informazioni in tutti i domini umani e non umani (presumibilmente usando l'animale non umano- l'animale , di solito pensato come meccanico, o la macchina, come il proprio paradigma, e quindi riportare le cose in primo piano), comincia a sembrare come se ci fosse un problema... che tutti gli 'ismi' (cognitivismo, riduzionismo (al cervello), comportamentalismo e così via)... spingersi sempre più lontano dalla nostra portata... la concettualizzazione stessa del problema è la cosa che assicura che il "problema difficile" rimanga insolubile... non è mai stata data una buona ragione per pensare che ci debba essere una scienza di qualcosa se vuole essere considerata reale. Non c'è ragione per pensare che ci dovrebbe essere una scienza della coscienza, o della mente o della società, non più di quanto ci sia bisogno di una scienza dei numeri, o di universi o di città capitali o di giochi o di costellazioni o di oggetti i cui nomi iniziano con la lettera 'b'.... Dobbiamo iniziare con l'idea di noi stessi come persone incarnate che agiscono in un mondo, non con l'idea di noi stessi come cervelli con le menti 'localizzate' in loro o 'attaccate' a loro... Non c'è modo che la scienza possa aiutarci a fare un resoconto 'esterno'/'obiettivo' di ciò che la coscienza è realmente e quando è realmente presente. Perché non ci può aiutare quando c'è un conflitto di criteri, quando le nostre macchine entrano in conflitto con noi stessi, in conflitto con noi. Per le nostre macchine sono calibrati solo dai nostri rapporti in primo luogo. Non ci può essere una cosa come ottenere un punto di vista esterno... questo non è perché... il problema difficile è insolubile, ... Piuttosto, non dobbiamo ammettere che è stato addirittura definito un problema... 'naturalismo trascendentale'... Garantisce... il mantenimento vivo a tempo indeterminato del problema. Offre la straordinaria soddisfazione psicologica di un'umile (ma privilegiata) dichiarazione 'scientifica' dei limiti alla comprensione sia della conoscenzaparte di un'élite privilegiata,che nell'affermare tali limiti, può vedere al di là di essi. Non riesce a vedere ciò che Wittgenstein ha chiarito nella prefazione al Tractatus. Il limite può... solo essere disegnato nel linguaggio e ciò che si trova dall'altra parte del limite sarà semplicemente una sciocchezza ".

Molti dei commenti di W vengono in mente. Egli ha osservato 88 anni fa che i "misteri" soddisfano un desiderio per il trascendente, e poiché pensiamo di poter vedere i "limiti della comprensione umana", pensiamo di poter vedere anche al di là di essi, e che dovremmo soffermarci sul fatto che vediamo i limiti della lingua (mente) nel fatto che non possiamo descrivere i fatti che corrispondono a una frase se non ripetendo la frase (vedi p10 ecc. nella sua cultura e valore, scritto nel 1931). Trovo anche utile ripetere frequentemente la sua osservazione che "la superstizione non è altro che la fede nel nesso causale" --scritto un secolo fa in TLP 5.1361.

Inoltre,, apropos è il suo famoso commento (PI p308) sull'origine dei problemi filosofici sui processi mentali (e tutti i problemi filosofici). "Come nasce il problema filosofico sui processi e gli stati mentali e sul comportamentismo? Il primo passo è quello che sfugge completamente avviso. Parliamo di processi e stati e lasciamo indecisi la loro natura. A volte forse sapremo di più su di loro - pensiamo. Ma questo è proprio ciò che ci impegna a guardare la questione in modo particolare. Perché abbiamo un concetto preciso di cosa significa imparare a conoscere meglio un processo. (Il movimento decisivo nel trucco evocativo è stato fatto, ed è stato proprio quello che abbiamo pensato abbastanza innocente.) - E ora l'analogia che doveva farci capire i nostri pensieri cade a pezzi. Dobbiamo quindi negare il processo ancora incomprensibile nel mezzo ancora inesplorato. E ora sembra che avessimo negato i processi mentali. E naturalmente non vogliamo negarli."

Un altro commento apparentemente banale di W (PI p271) ci ha chiesto di immaginare una persona che ha dimenticato cosa significasse la parola "dolore" ma l'ha usata correttamente – cioè, l'ha usata come facciamo noi! Anche rilevante è il commento di W (TLP 6.52) che quando tutte le domande scientifiche sono state risolte, nulla è lasciato a domanda, e questa è di per sé la risposta. E centrale per comprendere i fallimenti scientifici (cioè a causa dello scientismo, non della scienza) dei fallimenti del CDC e t al. "E l'errore che noi qui e in mille casi simili siamo inclini a fare è etichettato con la parola "fare" come l'abbiamo usata nella frase "Non è un atto di intuizione che ci fa usare la regola come facciamo noi", perché c'è un'idea che "qualcosa deve farci" fare quello che facciamo. E questo si unisce ancora una volta alla confusione tra causa e ragione. Non abbiamo motivo di seguire la regola come facciamo noi. La catena di ragioni ha una fine. BBB p143

Egli ha anche commentato che la catena delle cause ha una fine e che non vi è alcun motivo nel caso generale per essere significativo per specificare una causa. W ha visto nella sua lotta decennale la necessità di chiarire se stessi "grammatica" elaborando "esempi perspicui" e l'inutilità per molti di essere detto le risposte. Da qui i suoi famosi commenti sulla filosofia come la terapia e 'lavorare su se stessi'.

Un'altra cosa sorprendente di così tanti libri di filosofia (e la filosofia mascherata in tutte le scienze comportamentali, fisica e matematica) è che spesso non vi è alcun indizio che ci siano altri punti di vista, che molti dei filosofi più importanti considerano la visione scienziatica come incoerente. C'è ancheil fatto (seldom menzionato) che, a condizione ovviamente di ignorare la suaincoerenza, la riduzione non si ferma a livello di neurofisiologia, ma può essere facilmente estesa (ed è stata spesso) al livello di chimica, fisica, meccanica quantistica, 'matematica' o solo 'idee'. Che cosa dovrebbe rendere la neurofisiologia privilegiata? Gli antichi greci hanno generato l'idea che non esiste altro che idee e Leibniz ha descritto l'universo come una macchina gigante. Più recentemente

Stephan Wolfram è diventato una leggenda nella storia della pseudoscienza per la sua descrizione dell'universo come un automa informatico in 'Un nuovo tipo di scienza'. Il materialismo, il meccanismo, l'idealismo, il riduzionismo, il comportamentismo e il dualismo nelle loro molte forme non sono una notizia e, per un wittgensteiniano, cavalli abbastanza morti dal momento che W ha dettato i libri Blue e Brown negli anni '30, o almeno dalla successiva pubblicazione e ampio commento sulla sua nachlass. Ma convincere qualcuno è un compito senza speranza. W si deve lavorare su se stessi-autoterapia attraverso un lungo lavoro duro attraverso 'esempi appariscenti' del linguaggio (mente) in azione.

Un'espressione (inconsapevole) di come le regole della psicologia assiomatica, e di quanto sia facile cambiare l'uso di una parola senza saperlo, è stata data dal fisico Sir James Jeans molto tempo fa: "L'Universo comincia a sembrare più un grande pensiero che come una grande macchina."   Ma 'pensiero', 'macchina', 'tempo', 'spazio', 'causa', 'evento', 'accadere', 'verificare', 'continuare', ecc. non hanno gli stessi significati (usi) nella scienza o nella filosofia come nella vita quotidiana, o meglio hanno i vecchi usi mescolati a caso con molti nuovi, quindi c'è l'aspetto del senso senza senso. Gran parte della discussione accademica sul comportamento, la vita e l'universo è alta commedia (a differenza della commedia bassa della maggior parte della politica, religione e mass media): cioè, "commedia trattare con la società educata, caratterizzata da sofisticato, dialogo spiritoso e una trama intricata"-(Dictionary.com). Ma la filosofia non è una perdita di tempo - fatto giustamente, è il modo migliore per trascorrere del tempo. In quale altro modo possiamo dissipare il caos nelle scienze comportamentali o descrivere la nostra vita mentale e il pensiero di ordine superiore del Sistema 2 -- la cosa più intricata, meravigliosa e misteriosa che ci sia?

Dato questo quadro dovrebbe essere facile da capire OC, seguire gli esempi di W che descrivono come la nostra psicologia innata utilizzi il test della realtà del Sistema 2 per costruire sulle certezze del Sistema 1, in modo che noi come individui e come società acquisiamo una visione del mondo di esperienze di intasamento inconfutabili che si basano sul fondamento della nostra percezione e azione riflessiva geneticamente programmata assiomaticamente alla straordinaria edificazione della scienza e della cultura. La teoria dell'evoluzione e la teoria della relatività è passata molto tempo fa da qualcosa che potrebbe essere messo in discussione a certezze che possono essere solo modificate, e all'altra estremità dello spettro, non c'è alcuna possibilità di scoprire che non ci sono cose come Parigi o Brontosauri. La vista scettica è incoerente. Possiamo dire qualsiasi cosa, ma non possiamo significare nulla.

Così, con DMS, considero OC come una descrizione della prima pietra della comprensione umana e il documento più basilare sulla nostra psicologia. Anche se scritto quando nei suoi 60 anni, mentalmente e fisicamente devastato dal cancro, è brillante come il suo altro lavoro e trasforma la nostra comprensione della filosofia (la psicologia descrittiva del pensiero di ordine superiore), portandola finalmente alla luce, dopo tremila anni nella grotta. La metafisica è stata spazzata via dalla filosofia e dalla fisica.

"Che tipo di progresso è questo, l'affascinante mistero è stato rimosso, ma nessuna profondità è stata offuscata dalla consolazione; nulla è stato spiegato o scoperto o riconcepito. Come addomesticato e poco stimolante si potrebbe pensare. Ma forse, come suggerisce Wittgenstein, le virtù della chiarezza, della demistificazione e della verità dovrebbero essere ritenute abbastanza soddisfacenti" --Horwich 'La Metafilosofia di Wittgenstein'.

Permettetemi di suggerire che con la prospettiva che ho incoraggiato qui, W è al centro della filosofia contemporanea e della psicologia e non è oscura, difficile o irrilevante, ma scintillante, profonda e cristallina e che permane lo manca va una delle più grandi avventure intellettuali possibili.

Un ottimo lavoro recente che mostra molte delle confusioni filosofiche in un libro putatively sulla scienza e la matematica è 'The Outer Limits of Reason: What Science, Mathematics and Logic Cannot Tell Us' (2013) (vedi la mia recensione).

W ha osservato che quando raggiungiamo la fine del commento scientifico, il problema diventa filosofico - cioè, uno di come il linguaggio può essere usato in modo intelligibilmente. Yanofsky, come praticamente tutti gli scienziati e la maggior parte dei filosofi, non ottiene che ci sono due tipi distinti di "domande" o "asserzioni" (cioè, Giochi linguistici o LG) qui. Ci sono quelli che sono oggetto di realtà su come il mondo è, cioè, sono pubblicamente osservabili stati proposizionali (Vero o)Falso) stati di affari che hanno chiari significati (Condizioni di Soddisfazione --COS nella terminologia di Searle)- cioè, dichiarazioni scientifiche, e poi ci sono quelli che sono questioni su come il linguaggio può essere usato in modo coerente per descrivere questi stati di cose, e questi possono essere risolti da qualsiasi persona sana, intelligente, istruita con poco o nessun ricorso ai fatti della scienza. Un altro fatto poco compreso ma critico è che, sebbene il pensiero, che rappresenta, deduce, intrattassi, intuisce ecc. (cioè, la psicologia disposizionale) di una dichiarazione vera o falsa è una funzione della cognizione di ordine superiore del nostro lento, consapevole System 2 (S2), la decisione se "particelle" sono impigliate, la stella mostra uno spostamento rosso, è stato provato un teorema (cioè, la parte che prevede di vedere che i simboli sono utilizzati correttamente in ogni linea della prova), è sempre fatta dal sistema veloce, automatico, inconscio 1 (S1) attraverso vedere, udire, toccare ecc. in cui non vi è alcuna elaborazione delle informazioni, nessuna rappresentazione (cioè, nessuna COS) e nessuna decisione nel senso in cui questi accadono in S2 (che riceve i suoi input da S1). Questo approccio a due sistemi è ora il modo standard per visualizzare il ragionamento o la razionalità ed è un'euristica cruciale nella descrizione del comportamento, di cui scienza, matematica e filosofia sono casi speciali. C'è una letteratura enorme e in rapida crescita sul ragionamento che è indispensabile per lo studio del comportamento o della scienza. Un recente libro che approfondisce i dettagli di come ragioniamo (ad esempio, utilizzare il linguaggio per eseguire azioni- vedi W, DMS, Hacker, S ecc.) è 'Human Reasoning and Cognitive Science' di Stenning e Van Lambalgen (2008), che, nonostante i suoi limiti (ad esempio, una comprensione limitata di W/S e l'ampia struttura della psicologia intenzionale), è (come di 2019)) the best single source I know.

W ha scritto molto sulla filosofia della matematica poiché ha chiaramente illustrato molti dei tipi di confusioni generate dai giochi linguistici "scientifici", e ci sono stati innumerevoli commenti, molti piuttosto poveri. Vorrei commentare alcuni dei migliori lavori recenti in quanto è stato sollevato da Yanofsky.

Francisco Berto ha fatto alcuni commenti penetranti di recente. Egli osserva che W ha negato la coerenza della metamatematica - cioè, l'uso da parte di Godel di un metateorema per dimostrare il suo teorema, probabilmente tenendo conto della sua interpretazione "notorious" del teorema di Godel come un paradosso, e se accettiamo la sua argomentazione, penso che siamo costretti a negare l'intelligibilità di metalinguaggii, metateori e meta-qualsiasi altra cosa. Come può essere che tali concetti (parole, giochi linguistici) come la metamatematica el'abilità, accettati da milioni di persone (epersino rivendicati da non meno di Penrose, Hawking, Dyson et al per rivelare verità fondamentali sulla nostra mente o sull'universo) siano semplici incomprensioni su come funziona il linguaggio? Non è la prova in questo budino che, come tante nozioni filosofiche "dimostrative" (ad esempio, la mente e la volontà come illusioni –Dennett, Carruthers, le Terre ecc.), non hanno alcun impatto pratico?

Berto riassume bene: "In questo quadro, non è possibile che la stessa frase... si rivela esprimibile, ma indecifrabile, in un sistema formale... e dimostrabilmente vero (sotto l'ipotesi di coerenza di cui sopra) in un sistema diverso (il meta-sistema). Se, come ha sostenuto Wittgenstein, la prova stabilisce il significato stesso della frase provata, allora non è possibile che la stessa frase (cioè, per una frase con lo stesso significato) sia indecidibile in un sistema formale, ma decisa in un sistema diverso (il meta-sistema) ... Wittgenstein dovette respingere sia l'idea che un sistema formale possa essere sintatticamente incompleto, sia la conseguenza platonica che nessun sistema formale che provasse solo verità aritmetiche può dimostrare tutte le verità aritmetiche. Se le prove stabiliscono il significato delle frasi aritmetiche, allora non ci possono essere sistemi incompleti, così come non ci possono essere significati incompleti." E ancora "L'aritmetica incoerente, cioè l'aritmetica non classica basata su una logica più coerente, sono oggi una realtà. Ciò che è più importante, le caratteristiche teoriche di tali teorie corrispondono proprio ad alcune delle suddette intuizioni Wittgensteinian... La loro incoerenza permette loro anche di sfuggire al Primo Teorema di Godel, e al risultato indecifrabile della Chiesa: sono, cioè, dimostrabilmente completi e decisivi. Essi adempiono quindi con precisione alla richiesta di Wittgenstein, secondo la quale non possono esserci problemi matematici che possono essere formulati in modo significativo all'interno del sistema, ma che le regole del sistema non possono decidere. Quindi, la decidiabilità dell'arithmetics paracoerentisi armonizza con un parere che Wittgenstein mantenne fuori dalla sua carriera filosofica."

W ha anche dimostrato l'errore fatale nel considerare la matematica o il linguaggio o il nostro comportamento in generale come un "sistema" logico coerente unitario, piuttosto che come un eterogeneo di pezzi assemblati dai processi casuali di selezione naturale. "Godel ci mostra una non chiarezza nel concetto di 'matematica', che è indicato dal fatto che la matematica è considerata un sistema" e possiamo dire (contra quasi tutti) che è tutto ciò che Godel e Gregory Chaitin mostrano. Ho commentato molte volte che "verità" in matematica significa assiomi o teoremi derivati da assiomi, e "falso" significa che si è comfatti un errore nell'utilizzo delle definizioni, e questo è assolutamente diversofr om questioni empiriche in cui si applica un test. W spesso notato che per essere accettabile come matematica nel senso consueto, deve essere utilizzabile in altre prove e deve avere applicazioni del mondo reale, ma non è nemmeno il caso con l'incompletezza di Godel. Dal momento che non può essere dimostrato in un sistema coerente (qui Peano Aritmetica ma un'arena molto più ampia per Chaitin), non può essere utilizzato nelle prove e, a differenza di tutto il 'resto' di PA non può essere utilizzato nel mondo reale. Come nota Victor Rodych "... Wittgenstein sostiene che un calcolo formale è solo un calcolo matematico (cioè, un linguaggio matematico- gioco) se ha un'applicazione extra-sistemica in un sistema di proposizioni contingenti (ad esempio, nel conteggio ordinario e misurao o in fisica) ..." Un altro modo per dire questo è che si ha bisogno di un mandato per applicare il nostro normale uso di parole come 'prova', 'proposizione', 'vera', 'incompleto', 'numero' e 'matematica' a un risultato nel groviglio di giochi creati con 'numeri' e 'più' e 'meno' segni ecc., e con 'Incompletezza' questo mandato è carente. Rodych riassume mirabilmente. "Sul racconto di Wittgenstein, non esiste un calcolo matematico incompleto perché 'in matematica, tutto è algoritmo [e sintassi] e nulla è significato [semantica]..."

W ha più o meno lo stesso da dire della diagonalizzazione e della teoria degli insiemi di Cantor. "La considerazione della procedura diagonale mostra che il concetto di 'numero reale' ha molta meno analogia con il concetto di 'numero cardinale' di noi, essendo fuorviati da alcune analogie, sono inclini a credere" e molti altri commenti (vedi Rodych e Floyd).

Una delle principali omissioni di tutti questi libri è l'incredibile lavoro del fisico polimatematico e teorista di decisione David Wolpert, che ha dimostrato alcuni teoremi di impossibilità o incompletezza (1992-2008 - vedi arxiv.org) sui limiti dell'inferenza (calcolo) che sono così generali che sono indipendenti dal dispositivo che fa il calcolo, e anche indipendente dalle leggi della fisica, in modo che si applichino tra computer, fisica e comportamento umano, che ha riassunto così: "Non si può costruire un computer fisico che possa essere assicurato di elaborare correttamente le informazioni più velocemente di quanto non lo faccia. I risultati significano anche che non può esistere un apparato di osservazione infallibile e generico, e che non può esistere un apparato di controllo infallibile e generico. Questi risultati non si basano su sistemi infiniti e/o non classici e/o obbediscono a dinamiche caotiche. Essi tengono anche anche se si utilizza un computer infinitamente veloce, infinitamente denso, con poteri computazionali maggiori di quelli di una macchina di Turing." Ha anche pubblicato quello che sembra essere il primo serio lavoro sull'intelligenza collettiva di squadra o collettiva (COIN) che, a suo dire, pone questo argomento su una solida base scientifica. Anche se ha pubblicato varie versioni di questi oltre due decenni in alcune delle più prestigiose riviste di fisica peer reviewed (ad esempio, Physica D 237: 257-81(2008)) così come in riviste della NASA, e ha ottenuto notizie nelle principali riviste scientifiche, pochi sembrano aver notato e ho guardato in decine di libri recenti sulla fisica, teoria delle decisioni matematiche e calcolo senza un riferimento.

È molto spiacevole che Yanofsky e altri non abbiano consapevolezza di Wolpert, poiché il suo lavoro è l'estensione finale dell'informatica, del pensiero, dell'inferenza, dell'incompletezza e dell'indecidenza, che realizza (come molte prove nella teoria delle macchine di Turing) estendendo il paradosso dei bugiarnei e la diagonalizzazione di Cantor per includere tutti gli universi possibili e tutti gli esseri o meccanismi e quindi può essere vista come l'ultima parola non solo sul calcolo , ma sulla cosmologia o anche sulle divinità. Raggiunge questa estrema generalità partizionando l'universo dedutore utilizzando linee del mondo (cioè, in termini di ciò che fa e non come lo fa) in modo che le sue prove matematiche siano indipendenti da particolari leggi fisiche o strutture computazionali per stabilire i limiti fisici di inferenza per passato, presente e futuro e tutti i possibili calcoli, osservazioni e controlli. Egli osserva che anche in un universo classico Laplace si sbagliava nell'essere in grado di prevedere perfettamente il futuro (o addirittura di rappresentare perfettamente il passato o il presente) e che i suoi risultati di impossibilità possono essere visti come un "principio di incertezza meccanica non quantistica" (cioè, non ci può essere un dispositivo di osservazione o controllo infallibile). Qualsiasi dispositivo fisico universale deve essere infinito, può essere così solo in un momento nel tempo, e nessuna realtà può avere più di uno (il "teorema del monoteismo"). Poiché lo spazio e il tempo non appaiono nella definizione, il dispositivo può anche essere l'intero universo in tutti i tempi. Può essere visto come un analogo fisico di incompletezza con due dispositivi di inferenza piuttosto che un dispositivo autoreferenziale. Come dice, "o l'Hamiltoniano del nostro universo proscrive un certo tipo di calcolo, o la complessità della previsione è unica (a differenza della complessità delle informazioni algoritmiche) in quanto c'è una e una sola versione di esso che può essere applicabile in tutto Il nostro universo."

Un altro modo per dire questo è che non si possono avere due dispositivi di inferenza fisica (computer) entrambi in grado di essere poste domande arbitrarie sullo stato dell'altro, o che l'universo non può contenere un computer a cui si può rappresentare qualsiasi attività di calcolo arbitraria, o che per qualsiasi coppia di motori di inferenza fisica, ci sono sempre domande binarie valutate sullo stato dell'universo che non possono nemmeno essere poste ad almeno uno di essi. Non è possibile creare un computer in grado di prevedere una condizione futura arbitraria di un sistema fisico prima che si verifichi, anche se la condizione proviene da un insieme limitato di attività che possono essere poste ad esso, vale a dire, non può elaborare le informazioni (anche se si tratta di una frase contraria come S e Leggi e altre note) più velocemente dell'universo. Il computer e il sistema fisico arbitrario che sta calcolando non devono essere accoppiati fisicamente e detiene indipendentemente dalle leggi della fisica, del caos, della meccanica quantistica, della causalità o dei coni di luce e anche per una velocità infinita della luce. Il dispositivo di inferenza non deve essere localizzato nello spazio, ma può essere processi dinamici non locali che si verificano nell'intero universo. Egli è ben consapevole che questo mette le speculazioni di Wolfram, Landauer, Fredkin, Lloyd ecc., riguardantil'universo come computer o i limiti dell'"elaborazione dell'informazione", sotto una nuova luce (anche se gli indici dei loro scritti non fanno alcun riferimento a lui e un'altra notevole omissione è che nessuno dei suddetti è menzionato da Yanofsky sia).

Wolpert dice che mostra che l'universo non può contenere un dispositivo di inferenza in grado di elaborare le informazioni il più velocemente possibile, e poiché dimostra che non si può avere una memoria perfetta né un controllo perfetto, il suo stato passato, presente o futuro non può mai essere perfettamente o completamente raffigurato, caratterizzato, conosciuto o copiato. Ha anche dimostrato che nessuna combinazione di computer con codici di correzione degli errori può superare queste limitazioni. Wolpert nota anche l'importanza critica dell'osservatore ("il bugiardo") e questo ci collega ai familiari enigmi della fisica, della matematica e del linguaggio che riguardano Yanofsky. Ancora una volta cf. Floyd su W: "Sta articolando in altre parole una forma generalizzata di diagonalizzazione. L'argomento è quindi generalmente applicabile, non solo alle espansioni decimali, ma a qualsiasi presunta quotazione o espressione governata da regole di esse; non si basa su alcun particolare dispositivo notazionale o disposizione spaziale preferita dei segni. In questo senso, l'argomentazione di Wittgenstein non fa appello a nessun quadro e non è essenzialmente diagrammatica o rappresentativa, anche se può essere schematata e nella misura in cui è un argomento logico, la sua logica può essere rappresentata formalmente). Come le argomentazioni di Turing, è libero da un legame diretto con qualsiasi formalismo particolare. [I parallelismi con Wolpert sono ovvi.] A differenza delle argomentazioni di Turing, invoca esplicitamente la nozione di un gioco linguistico e si applica a (e presuppone) una concezione quotidiana delle nozioni di regole e degli esseri umani che le seguono. Ogni riga nella presentazione diagonale qui sopra è concepita come un'istruzione o un comando, analogo a un ordine dato ad un essere umano..." Dovrebbe essere ovvio come il lavoro di Wolpert sia una perfetta illustrazione delle idee di W delle questioni separate della scienza o della matematica e di quelle della filosofia (giochi di lingua).

Yanofsky inoltre non chiarisce la grande sovrapposizione che ora esiste (e si sta espandendo rapidamente) tra teieri di caccia, fisici, economisti, matematici, filosofi, teori scertole e altri, tutti i quali hanno pubblicato per decenni prove strettamente correlate di indecidabilità, impossibilità, incomputabilità e incompletezza. Uno dei più bizzarri è la recente prova di Armando Assis che nella formulazione relativa dello stato della meccanica quantistica si può impostare ungioco a somma zero tral'universo e un osservatore che usa l'Equilibrio di Nash, da cui seguono la regola Born e il collasso della funzione d'onda. Godel è stato il primo a dimostrare un risultato impossibile, e (fino a quando i notevoli documenti di David Wolpert, vedi qui e il mio articolo di recensione) è il più lontano (o semplicemente trivial/incoerente), ma c'è stata una valanga di altri. Uno dei primi nella teoria delle decisioni fu il famoso General Impossibility Theorem (GIT) scoperto da Kenneth Arrow nel

1951 (per il quale ottenne il Premio Nobel per l'economia nel 1972, e cinque dei suoi studenti sono ora premi Nobel quindi questa non è scienza frangia). Essa afferma approssimativamente che nessun sistema di voto ragionevolmente coerente ed equo (cioè nessun metodo di aggregazione delle preferenze individuali in preferenze di gruppo) può dare risultati ragionevoli. Il gruppo è dominato da una sola persona, e così GIT è spesso chiamato il "teorema dittatore", o ci sono preferenze intransitive. Il documento originale di Arrow era intitolato "Una difficoltà nel concetto di benessere sociale" e può essere dichiarato in questo modo:" It è impossibile formulare una pre-ordine socialeche soddisfa tutte le seguenti condizioni: Nondictatorship; Sovranità individuale; Unanimità; Libertà da alternative irrilevanti; Unicità del grado di gruppo." Coloro che hanno familiarità con la moderna teoria delle decisioni accettano questo e i molti teoremi vincolanti correlati come loro punto di partenza. Coloro che non lo sono possono trovarlo (e tutti questi teorems) incredibile e in questo caso, hanno bisogno di trovare un percorso di carriera che non ha nulla a che fare con unay delle discipline di cui sopra. Vedere "The Arrow Impossibility Theorem"(2014) o "Decision Making and Imperfection"(2013) tra legioni di pubblicazioni.

Yanofsky cita il famoso risultato impossibile di Brandenburger e Keisler (2006) per giochi a due persone (ma ovviamente non limitato ai "giochi" e come tutti questi risultati di impossibilità si applica ampiamente a decisioni di qualsiasi tipo) che dimostra che qualsiasi modello di credenze di un certo tipo porta a contraddizioni. Un'interpretazione del risultato è che se gli strumenti dell'analista decisionale (fondamentalmente solo la logica) sono disponibili per i players in un gioco, allora ci sono dichiarazioni o convinzioni che i giocatori possono scrivere o 'pensare' ma non possono effettivamente tenere (cioè, nessun COS chiaro). "Ann ritiene che Bob ritenga che Ann ritenga che l'ipotesi di Bob sia sbagliata" sembra ineccepibile e 'ricorsione' (un altro LG) è stato assunto in argomentazione, linguistica, filosofia ecc, almeno, per un secolo almeno, ma hanno dimostrato che è impossibile per Ann e Bob assumere queste credenze. E c'è un corpo in rapida crescita di tali risultati impossibile per 1 o situazioni di decisione multiplayer (ad esempio, si classifica in Arrow, Wolpert, Koppel e Rosser ecc). Per un buon documento tecnico tra le valanghe sul paradosso B&K, prendi Il giornale di Abramsky e zvesper dall'arXiv.org, che ci riporta al paradosso dei bugiardi e all'infinito di Cantor (come nota il titolo si tratta di "forme interattive di diagonalizzazione e auto-riferimento") e quindi a Floyd, Rodych, Berto, W e Godel. Molti di questi articoli citano il documento di Yanofksy "Un approccio universale ai paradossi autoreferenziali e ai punti fissi. Bollettino della logica simbolica, 9(3):362–386, 2003. Abramsky (un polimath che è tra le altre cose un pioniere dell'informatica quantistica) è un amico, e così Yanofsky contribuisce un articolo al recente Festschrift a lui 'Computation, Logic, Games and Quantum Foundations' (2013). Per forse il miglior recente (2013) commento sul BK e paradossi correlati vedere la lezione powerpoint 165p gratuito in rete da Wes Holliday ed Eric Pacuit 'Ten Puzzles and Paradoxes on Knowledge and Belief'. Per un buon sondaggio multi-autore, vedere "Processo decisionale collettivo (2010).

Dal momento che i famosi teoremi di Godel sono corollari del teorema di Chaitin che mostra la "casualità" algoritmica ('incompletezza') in tutta la matematica (che è solo un altro dei nostri sistemi simbolici), sembra inevitabile che il pensiero (comportamento, linguaggio, mente) sia pieno di dichiarazioni e situazioni impossibili, casuali o incomplete. Dal momento che possiamo considerare ciascuno di questi domini come sistemi simbolici evoluti per caso per far funzionare la nostra psicologia, forse dovrebbe essere considerato come sorprendente che non siano "completi". Per matematica, Chaitin dice chela sua 'casualità' (ancora una volta un gruppo di LG) mostra che ci sono teoremi illimitati che sono veri ma non dimostrabili, cioè veri per nessun motivo. Si dovrebbe quindi essere in grado di dire che ci sono dichiarazioni illimitate che fanno perfetto senso "grammaticale" che non descrivono situazioni reali raggiungibili in quel dominio. Suggerisco questi enigmi andare via se si considera le opinioni di W. Ha scritto molte note sulla questione dei Teoremi di Godel, e tutto il suo lavoro riguarda la plasticità, l'"incompletezza" e l'estrema sensibilità al contesto del linguaggio, della matematica e della logica. I recenti documenti di Rodych, Floyd e Berto sono la migliore introduzione che conosco alle osservazioni di W sulle fondamenta della matematica e così alla filosofia.

Come notato, David Wolpert ha derivato alcuni teoremi sorprendenti nella Teoria della Macchina di Turing e i limiti di calcolo che sono molto apropos qui. Sono stati quasi universalmente ignorati, ma non dai noti econometrici Koppl e Rosser, che, nel loro famoso articolo del 2002 "Tutto ciò che devo dire ti è già passato per la testa", danno tre teoremi sui limiti della razionalità, della previsione e del controllo in economia. Il primo utilizza il teorema di Wolpert sui limiti alla computabilità per mostrare alcuni limiti logici alla previsione del futuro. Wolpert osserva che può essere visto come l'analogo fisico del teorema di incompletezza di Godel e K e R dicono che la loro variante può essere vista come il suo analogo di scienze sociali, anche se Wolpert è ben consapevole delle implicazioni sociali. Il secondo teorema di K e R mostra una possibile non convergenza per la previsione bayesiana (probabilestico) nello spazio instilente dimensione. Il terzo mostra l'impossibilità di un computer che prevede perfettamente un'economia con agenti che conoscono il suo programma di previsione. L'astuto noterà che questi teoremi possono essere visti come versioni del paradosso dei bugiarsi e il fatto che siamo intrappolati in impossibilità quando cerchiamo di calcolare un sistema che ci include è stato notato da Wolpert, Koppl, Rosser e altri in questi contesti e ancora una volta abbiamo fatto il giro dei puzzle della fisica quando l'osservatore è coinvolto. K&R conclude "Così, l'ordine economico è in parte il prodotto di qualcosa di diverso dalla razionalità calcolatore". La razionalità limitata è ormai un campo importante in sé, oggetto di migliaia di documenti e centinaia di libri.

Il ragionamento è un'altra parola per pensare, che è una disposizione come conoscere, capire, giudicare ecc. Come Wittgenstein è stato il primo a spiegare, questi verbi disposizionali descrivono proposizioni (frasi che possono essere vere o false) e quindi hanno ciò che Searle chiama Condizioni di Soddisfazione (COS). Cioè, ci sono stati pubblici di cose che riconosciamo come mostrando la loro verità o falsità. "Al di là della ragione" significherebbe una frase le cui condizioni di verità non sono chiare e la ragione sarebbe che non ha un contesto chiaro. È un dato di fatto se abbiamo COS chiaro (cioè, significato) ma non possiamo fare l'osservazione -questo non è al di là della ragione, ma al di là della nostra capacità di raggiungere, ma è una materia filosofica (linguistica) se non conosciamo il COS. "La mente e i computer dell'universo?" suona come se ha bisogno di indagini scientifiche o matematiche, ma è solo necessario chiarire il contesto in cui questo linguaggio verrà utilizzato, poiché questi sono termini ordinari e non problematici ed è solo il loro contesto che è sconcertante.

Come sempre, la prima cosa da tenere a mente è il detto di W che non ci sono nuove scoperte da fare nella filosofia né spiegazioni da dare, ma solo chiare descrizioni del comportamento (lingua). Una volta compreso che tutti i problemi sono confusione su come funziona il linguaggio, siamo in pace e la filosofia nel loro senso ha raggiunto il suo scopo. Come W/S hanno notato, c'è solo una realtà, quindi non ci sono più versioni della mente o della vita o del mondo che possono essere date in modo significativo, e possiamo comunicare solo nella nostra unica lingua pubblica. Non ci può essere un linguaggio privato e nessun pensiero "privato interiore" non può essere comunicato e non può avere alcun ruolo nella nostra vita sociale. Dovrebbe anche essere molto semplice risolvere i problemi filosofici in questo senso. "Ora, se non sono le connessioni causali di cui ci occupiamo, allora le attività della mente ci si aprono di fronte." Wittgenstein "Il libro blu" p6 (1933)

Abbiamo un solo insieme di geni e quindi un linguaggio (mente), un comportamento (natura umana o psicologia evolutiva), che W e S chiamano il sottofondo o lo sfondo e riflettendo su questo generiamo filosofia che S chiama la struttura logica della razionalità e io chiamo la psicologia descrittiva del Pensiero dell'Ordine Superiore (HOT) o, prendendo spunto da W, lo studio del linguaggio che descrive HOT. L'unico interesse a leggere i commenti di chiunque sugli aspetti filosofici del comportamento umano (HOT) è vedere se la sua traduzione nel quadro W / S dà alcune descrizioni chiare che illuminano l'uso del linguaggio. In caso contrario, mostrare come sono stati stregati dalla lingua dissipa la confusione. Ripeto ciò che Horwich ha notato nell'ultima pagina della sua superba 'Metafilosofia di Wittgenstein' (vedi la mia recensione): "Che tipo di progresso è questo: l'affascinante mistero è stato rimosso, ma nessuna profondità è stata piumata di consolazione; nulla è stato spiegato o scoperto o riconcepito. Come addomesticato e poco stimolante si potrebbe pensare. Ma forse, come suggerisce Wittgenstein, le virtù della chiarezza, della demistificazione e della verità dovrebbero essere ritenute abbastanza soddisfacenti".

Tuttavia, W / S fare molto spiegando (o come W ha suggerito dovremmo dire "descrivere") e S afferma che la struttura logica della razionalità costituisce varie teorie, e non c'è nulla di male in esso, a condizione che ci si renda conto che sono costituiti da una serie di esempi che ci permettono di avere un'idea generale di comefunziona il linguaggio (la mente) e che, come le sue "teorie" sono spiegate via esempi diventano più come w's descrizioni più perspiose. "Una rosa con qualsiasi altro nome..." Quando c'è una domanda bisogna tornare agli esempi o considerarne di nuovi. Come W ha notato, il linguaggio (vita) è illimitatamente complesso e sensibile al contesto (W è il padre non riconosciuto del contestualismo), e quindi è completamente diverso dalla fisica dove si può spesso derivare una formula e rinunciare alla necessità di ulteriori esempi. Lo scientismo (l'uso del linguaggio scientifico e il quadro causale) ci porta fuori strada nel descrivere HOT.

Ancora una volta: "I filosofi vedono costantemente il metodo della scienza davanti ai loro occhi e sono irresistibilmente tentati di porre e rispondere alle domande come fa la scienza. Questa tendenza è la vera fonte della metafisica e conduce il filosofo in completa oscurità." (BBB p18).

A differenza di molti altri, S ha in gran parte evitato e spesso demolito lo scientismo, ma c'è un residuo che si manifesta quando insiste sull'uso dei termini S2 disposizionali che descrivono il comportamento pubblico (pensare, credere credendo ecc.) per descrivere i "processi" S1 nel cervello, che ad esempio, possiamo capire la coscienza studiando il cervello, e che è pronto a rinunciare alla causalitàbilità , volontà o mente. W ha reso abbondantemente chiaro che tali parole sono le cerniere o giochi di lingua di base e rinunciare o addirittura cambiarli non è un concetto coerente. Come notato nelle mie altre recensioni, penso che il residuo di scientismo deriva dalla grande tragedia della vita filosofica di S (e quasi di tutti gli altri filosofi) -- la sua incapacità di prendere la W più tardi abbastanza sul serio (W morì pochi anni prima che S andasse in Inghilterra per studiare) e facendo il comune errore fatale di pensare che fosse più intelligente di W.

"Qui ci troviamo di fronte a un fenomeno notevole e caratteristico nell'indagine filosofica: la difficoltà--
-Potrei dire--- non è quella di trovare la soluzione, ma piuttosto quella di riconoscere comeuna tale discussione qualcosa che sembra essere solo un preliminare. Abbiamo già detto tutto. --- Non tutto ciò che segue da questo, non questa è la soluzione! .... Questo è collegato, credo, con la nostra spiegazione erroneamente in attesa, mentre la soluzione della difficoltà è una descrizione, se gli diamo il posto giusto nelle nostre considerazioni. Se ci sbito su di esso, e non cercare di andare oltre. Zettel p312-314

"Il nostro metodo è puramente descrittivo, le descrizioni che diamo non sono suggerimenti di spiegazioni." BBB p125

Segue sia il lavoro del terzo periodo di W che la psicologia contemporanea, che 'volontà', 'sé' e 'coscienza' sono elementi assiomatici solo veri del rettile subcortical e sistema uno (S1) composto da percezioni, ricordi e riflessi, e non vi è alcuna possibilità (intelligibilità) di dimostrare (di dare senso a) la loro falsità. Come W ha chiarito così meravigliosamente, essi sono la base per il giudizio e quindi non possono essere giudicati. I veri assiomi della nostra psicologia non sono probatori.

I filosofi sono raramente chiari su esattamente che cosa si aspettano di contribuire che altri studenti di comportamento (cioè, scienziati) non, così, notando W osservazione sopra sulla invidia della scienza, citerò da P.M.S Hacker (il principale esperto su W per molti anni) che dà un buon inizio su di esso e un controblasto per lo scientando.

"Gli epistemologi tradizionali vogliono sapere se la conoscenza è vera credenza e una ulteriore condizione ... o se la conoscenza non implica nemmeno la fede ... Ciò che deve essere chiarito se si vuole rispondere a queste domande è la rete dei nostri concetti epistemici, i modi in cui i vari concetti si uniscono, le varie forme delle loro compatibilità e incompatibilità, il loro punto e scopo, le loro presupposizioni e le diverse forme di dipendenza del contesto. A questo venerabile esercizio di analisi connettiva, la conoscenza scientifica, la psicologia, le neuroscienze e la sedicente scienza cognitiva non possono contribuire a nulla." ((Passando per la svolta naturalistica: nel cul-de- sac- p15 di Quine(2005))

Le strutture deontiche o 'colla sociale' sono le azioni rapide automatiche di S1 producendo le lenti disposizioni di S2, che vengono inesorabilmente ampliate durante lo sviluppo personale in una vasta gamma di relazioni deontiche culturali universali automatiche così ben descritte da Searle. Mi aspetto che questo astrae abbastanza bene la struttura di base del comportamento sociale.

Diversi commenti recidivi. Quindi, riconoscendo che S1 è solo verso l'alto causale (mondo alla mente) e privo di contenuto (mancanza di rappresentazioni o informazioni) mentre S2 ha contenuto (cioè è rappresentativo) ed è verso il basso causale (mente al mondo) (ad esempio, vedi la mia recensione di Hutto e Myin 'Radical Enactivism'), tradurrei i paragrafi di S MSW p39 a partire da "In somma" e terminando su pg 40 con "condizioni di soddisfazione" come segue.

In sintesi, la percezione, la memoria e le intenzioni e le azioni precedenti riflessive ('volontà') sono causate dal funzionamento automatico del nostro EP assiomatico S1 solo come modificato da S2 ('libero testamento'). Cerchiamo di abbinare come desideriamo che le cose siano con come pensiamo che siano. Dovremmo vedere che la fede, il desiderio e l'immaginazione - desidera il tempo spostato e disaccoppiato dall'intenzione - e altre disposizioni S2 del nostro pensiero lento evoluto secondo sé in seguito, sono totalmente dipendenti da (hanno le loro condizioni di soddisfazione (COS) provenienti in) il Causally Self Reflexive (CSR) rapido automatico primitivo primitivo vero- solo riflessivo S1. Nel linguaggio e nella neurofisiologia ci sono casi intermedi o misti come l'intenzione (intenzioni precedenti) o il ricordo, in cui la connessione causale del COS con S1 è spostata, in quanto rappresentano il passato o il futuro, a differenza di S1 che è sempre nel presente. S1 e S2 si nutrono l'uno nell'altro e sono spesso orchestrati senza soluzione di continuità dalle relazioni culturali deontiche apprese, in modo che la nostra normale esperienza sia che controlliamo consapevolmente tutto ciò che facciamo. Questa vasta arena di illusioni cognitive che dominano la nostra vita Searle ha descritto come 'L'illusione fenomenologica' (TPI).

"Alcune delle caratteristiche logiche più importanti dell'intenzionalità sono al di là della portata della fenomenologia perché non hanno una realtà fenomenologica immediata...

Perché la creazione di significato per inutilità non è vissuta consapevolmente... non esiste...
Questo è... l'illusione fenomenologica. Searle PNC p115-117

Le parole di disposizione (Preferenze--vedi sopra la tabella) hanno almeno due utilizzi di base. Si fa riferimento alle vere e uniche frasi che descrivono le nostre percezioni dirette, riflessi (compreso il discorso di base) e la memoria, vale a dire, la nostra innata psicologia assiomatica S1 che sono Causally Self Reflexive (CSR)-(chiamato riflessivo o intransitivo in BBB di W), e l'Uso S2 come parole di disposizione (pensare, capire, sapere, ecc.) che possono essere interpretate, e che possono diventare vere o false ('I know my home).'i.'e.' , hanno Condizioni di Soddisfazione (COS) e non sono CSR (chiamati transitivi in BBB).

"Come nasce il problema filosofico sui processi e gli stati mentali e sul comportamentismo? – Il primo passo è quello che sfugge completamente avviso. Parliamo di processi e stati e lasciamo indecisi la loro natura. A volte forse ne sapremo di più, pensiamo. Ma questo è proprio ciò che ci impegna a guardare la questione in modo particolare. Perché abbiamo un concetto preciso di cosa significa imparare a conoscere meglio un processo. (Il movimento decisivo nel trucco evocativo è stato fatto, ed è stato proprio quello che abbiamo pensato abbastanza innocente). E ora l'analogia che doveva farci capire i nostri pensieri cade a pezzi. Quindi,, dobbiamo negare il processo ancora incomprensibile nel mezzo ancora inesplorato. E ora sembra che avessimo negato i processi mentali. E naturalmente non vogliamo negarli.   W PI p308

"... la relazione intenzionale di base tra la mente e il mondo ha a che fare con condizioni di soddisfazione. E una proposta è qualsiasi cosa che possa essere in una relazione intenzionale con il mondo, e poiché queste relazioni intenzionali determinano sempre condizioni di soddisfazione, e una proposizione è definita come qualsiasi cosa sufficiente a determinare le condizioni di soddisfazione, si scopre che ogni intenzionalità è una questione di proposizioni." Searle PNCp193

"Lo stato intenzionale rappresenta le sue condizioni di soddisfazione... le persone erroneamente suppongono che ogni rappresentazione mentale debba essere pensata consapevolmente... ma la nozione di rappresentazione come la sto usando è una nozione funzionale e non ontologica. Tutto ciò che ha condizioni di soddisfazione, che può avere successo o fallire in un modo che è caratteristico dell'intenzionalità, è per definizione una rappresentazione delle sue condizioni di soddisfazione... possiamo analizzare la struttura dell'intenzionalità dei fenomeni sociali analizzandone le condizioni di soddisfazione". Searle MSW p28-32

Come Carruthers, Coliva, S e altri a volte stato (ad esempio, p66-67 MSW) che S1 (cioè, ricordi, percezioni, atti di riflesso) ha una struttura proposizionale (cioè, vero-falso) struttura. Come ho notato sopra, e molte volte nelle mie recensioni, sembra cristallino che W è corretto, ed è fondamentale per comprendere il comportamento, che solo S2 è proposizionale e S1 è assiomatico e vero-solo. Tuttavia, dal momento che quello che S e vari autori qui chiamano lo sfondo (S1) dà origine a S2 ed è a sua volta parzialmente controllato da S2, ci deve essere un senso in cui S1 è in grado di diventare proposizionale e loro e Searle notano che l'inconscio o consapevole ma le attività automatizzate di S1 devono essere in grado di diventare quelle coscienti o deliberative di S2. Entrambi hanno COS e Directions of Fit (DOF) perché l'intenzionalità genetica e assiomatica di S1 genera quella di S2, ma se S1 fosse proposizionale nello stesso senso significherebbe che lo scetticismo è intelligibile, il caos che era filosofia prima del ritorno di W, e in realtà se è vero, la vita non sarebbe possibile. Ciò significherebbe, ad esempio, che la verità e la falsità e i fatti del mondo potrebbero essere decisi senza coscienza. Come W ha dichiarato spesso e ha mostrato così brillantemente nel suo ultimo libro 'On Certainty', la vita deve essere basata sulla certezza- automatizzato reazioni rapide incoscienti. Gli organismi che hanno sempre un dubbio e una pausa per riflettere moriranno - nessuna evoluzione, nessunpopolo, nessuna filosofia.

Ancora unavolta, ripeterò alcune nozioni cruciali. Un'altra idea chiarita da S è il Desire Independent Reasons for Action (DIRA). Tradurrei la sintesi di S della ragione pratica su p127 di MSW come segue: "Cediamo ai nostri desideri (necessità di alterare la chimica del cervello), che in genere includono Le ragioni di azione indipendente del desiderio (DIRA - cioè i desideri spostati nello spazio e nel tempo), che producono disposizioni a comportamenti che comunemente si traducono prima o poi nei movimenti muscolari che servono la nostra inclusiva sopravvivenza (aumento della sopravvivenza per i geni in noi stessi e quelli strettamente correlati)." E ribadissi la sua descrizione su p129 di come effettuiamo DIRA2 come "La risoluzione del paradosso è che l'inconscio DIRA1 che serve fitness inclusivo a lungo termine genera il DIRA2 consapevole che spesso prevalgono sui desideri personali a breve termine." Gli agenti infatti creano consapevolmente le ragioni approssimative di DIRA2, ma queste sono estensioni molto limitate di DIRA1 inconscio (la causa finale). Obama e il Papa vogliono aiutare i poveri perché è "giusto", ma la causa ultima è un cambiamento nella loro chimica del cervello che ha aumentato l'idoneità inclusiva dei loro antenati lontani. L'evoluzione da una forma fisica inclusiva ha programmato le azioni causali riflessive inconsce di S1 che spesso danno origine al pensiero lento cosciente di S2, che produce motivi di azione che spesso portano all'attivazione dei muscoli del corpo e/o del discorso da parte di S1 causando azioni. Il meccanismo generale è attraverso sia la neurotrasmissione e da cambiamenti nei neuromodulatori in aree mirate del cervello. L'illusione cognitiva complessiva (chiamata da S 'The Phenomenological Illusion', da Pinker 'The Blank Slate' e da Tooby e Cosmides 'The Standard Social Science Model') è che S2 ha generato l'azione consapevolmente per motivi di cui siamo pienamente consapevoli e in controllo, ma chiunque abbia familiarità con la biologia e la psicologia moderne può vedere che questa visione non è credibile.

Una frase esprime un pensiero (ha un significato), quando ha cos chiaro, cioè condizioni di verità pubblica. Da qui il commento di W: "Quando penso nel linguaggio, non ci sono 'significati' che mi passano per la mente oltre alle espressioni verbali: il linguaggio è esso stesso il veicolo del pensiero". E, se penso con o senza parole, il pensiero è quello che (onestamente) dico che è come non c'è nessun altro criterio possibile (COS). Così, gli incantevoli aforismi di W (p132 Budd- La filosofia della psicologia di Wittgenstein) "È nel linguaggio che il desiderio e l'adempimento si incontrano" e "Come tutto ciò metafisico, l'armonia tra il pensiero e la realtà si trova nella grammatica della lingua". E si potrebbe notare qui che la 'grammatica' in W di solito può essere tradotta come Psicologia Evoluzionistica (EP) e che, nonostante i suoi frequenti avvertimenti contro la teorizzazione e la generalizzazione, si tratta di una caratterizzazione ampia della psicologia descrittiva di ordine superiore (filosofia) come si possono trovare, al di là anche delle "teorie" di Searle (che spesso critica W per la sua famosa posizione anti-teorica).

"Ogni segno è capace di interpretazione, ma il significato non deve essere in grado di essere interpretati. È l'ultima interpretazione" W BBB p34

"Filosofia di Searle e filosofia cinese" (SPCP) (2008) è un libro superbo e unico, ma così totalmente ignorato che la mia recensione 2015 era al momento l'unico! Dovrebbe essere ovvio che le questioni filosofiche riguardano sempre gli errori nel linguaggio usato per descrivere la nostra psicologia innata universale e non c'è alcun senso utile in cui ci possa essere una visione cinese, francese, cristiana, femminista ecc. di loro. Tali opinioni possono esistere di filosofia in senso ampio, ma che non è ciò che la filosofia della mente (o per W, S o me ciò che qualsiasi filosofia interessante e sostanziale) è circa. Si potrebbe prendere un intero libro per discutere di questo e S fa un ottimo lavoro, quindi mi limito a commentare qui cherivivendo p35 in SPCP, le proposizioni sono S2 e non stati mentali, che sono S1 come W ha fatto abbastanza chiaro oltre 3/4 di un secolo fa, e che sia Quine e Davidson erano ugualmente confusi sulle questioni di base coinvolte (sia Searle e Hacker hanno fatto ottime demolizioni di Quine). Come spesso accade, la discussione di S è rovinata dalla sua incapacità di portare la sua comprensione del "background" di W alla sua conclusione logica e così suggerisce (come ha spesso) che potrebbe dover rinunciare al concetto di libero arbitrio, una nozione che trovo (con W) incoerente. Quali sono i COS (l'evento di fasiamento della verità, la prova o la prova) che potrebbero mostrare la verità contro la falsità di non avere una scelta per alzare il braccio?

Allo stesso modo (p62) nessuno può dare argomenti per lo sfondo (cioè, il nostro EP assiomatico) come il nostro essere in grado di parlare a tutti presuppone (come W notato frequentemente). È anche vero che "riduzione" insieme a "monismo", "realtà", ecc. sono giochi linguistici complessi e non portano significato lungo in piccoli zaini! È necessario analizzare l'utilizzo di ONE in dettaglio per ottenere chiaro e quindi vedere come un altro utilizzo (contesto) differisce.

I filosofi (e gli aspiranti filosofi) creano problemi immaginari cercando di rispondere a domande che non hanno un senso chiaro. Questa situazione è ben analizzata da Finkelstein in 'Holismo e menti animali' e alcosì mirabilmente riassunto da Read in 'The Hard Problem of Consciousness' citato sopra.

'Cultura e valore' di Wittgenstein (pubblicato nel 1980, ma scritto decenni prima), anche se è forse il suo libro meno interessante, ha molto che è pertinente a questa discussione, e naturalmente a gran parte della vita intellettuale moderna.

"Non esiste una denominazione religiosa in cui l'uso improprio delle espressioni metafisiche sia stato responsabile di tanto peccato come ha fatto in matematica."

"La gente ripete più e più volte che la filosofia non progredisce davvero, che siamo ancora occupati con gli stessi problemi filosofici come erano i greci. Ma le persone che dicono questo non capiscono perché deve essere così. È perché il nostro linguaggio è rimasto lo stesso e continua a sedurrci a fare le stesse domande. Finché continua ad esserci un verbo 'essere' che sembra come se funziona allo stesso modo di "mangiare" e "bere", fintanto che abbiamo ancora gli aggettivi , identici , , , , , false , , possibile , a patto che continuiamo a parlare di un fiume di tempo, di una distesa di spazio, ecc. ecc. in su. E a di più, questo soddisfa il desiderio del trascendente, perché, nella misura in cui la gente pensa di poter vedere "i limiti della comprensione umana", credono naturalmente di poter vedere al di là di questi'.

Allo stesso modo cerchiamo di distillare l'essenza da due delle opere recenti di Searle.

"Ci possono essere ragioni di azione che sono vincolanti per un agente razionale proprio in virtù della natura del fatto riportato nella dichiarazione del motivo, e indipendentemente dai desideri, dai valori, dagli atteggiamenti e dalle valutazioni dell'agente? ... Il vero paradosso della discussione tradizionale è che cerca di porre la ghigliottina di Hume, il fatto rigido - distinzione di valore, in un vocabolario, il cui uso presuppone già la falsità della distinzione". Searle PNC p165-171

"... tutte le funzioni di status e quindi tutta la realtà istituzionale, ad eccezione del linguaggio, sono create da atti vocali che hanno la forma logica delle Dichiarazioni... le forme della funzione di status in questione sono quasi invariabilmente di poteri deontici... riconoscere qualcosa come un diritto, un dovere, un obbligo, un requisito e così via è riconoscere un motivo di azione... queste strutture deontiche rendono possibili ragioni indipendenti dal desiderio per l'azione... Il punto generale è molto chiaro: la creazione del campo generale delle ragioni d'azione basate sul desiderio presupponeva l'accettazione di un sistema di motivi d'azione indipendenti dal desiderio". Searle PNC p34-49

Cioè, il funzionamento del nostro sistema linguistico 2 presuppone quello del nostro sistema pre-linguistico 1. Inoltre non è possibile per noi accettare o rifiutare DIRA1, piuttosto come partedi S1 sono innati e rifiutare uno qualsiasi di S1 è incoerente.

"Alcune delle caratteristiche logiche più importanti dell'intenzionalità sono al di là della portata della fenomenologia perché non hanno una realtà fenomenologica immediata...

Perché la creazione di significato per inutilità non è vissuta consapevolmente... non esiste... Questo è... l'illusione fenomenologica. Searle PNC p115-117

Cioè, il nostro funzionamento mentale è di solito così preoccupato con il sistema 2 da essere ignari del sistema 1.

"... la relazione intenzionale di base tra la mente e il mondo ha a che fare con condizioni di soddisfazione. E una proposta è qualsiasi cosa che possa essere in una relazione intenzionale con il mondo, e poiché queste relazioni intenzionali determinano sempre condizioni di soddisfazione, e una proposizione è definita come qualsiasi cosa sufficiente a determinare le condizioni di soddisfazione, si scopre che ogni intenzionalità è una questione di proposizioni." Searle PNCp193

"Quindi, le funzioni di status sono il collante che tiene unita la società. Sono creati dall'intenzionalità collettiva e funzionano portando poteri deontici... Con l'importante eccezione del linguaggio stesso, tutta la realtà istituzionale e quindi in un certo senso tutta la civiltà umana è creata da atti di parola che hanno la forma logica delle Dichiarazioni... tutta la realtà istituzionale umana è creata e mantenuta in esistenza da (rappresentazioni che hanno la stessa forma logica di) Dichiarazioni di funzione di stato, compresi i casi che non sono atti di discorso nella forma esplicita di dichiarazioni."
Searle MSW p11-13

"Le credenze, come le dichiarazioni, hanno la direzione di adattamento verso il basso o verso il basso (o la parola) – per – il mondo. E i desideri e le intenzioni, come gli ordini e le promesse, hanno la direzione verso l'alto o il mondo nella mente (o parola) di adattamento. Credenze o percezioni, come le dichiarazioni, dovrebbero rappresentare come le cose sono nel mondo, e in questo senso,, dovrebbero adattarsi al mondo; hanno la direzione mind-to-world di adattarsi. Gli stati conativi e volionali come i desideri, le intenzioni precedenti e le intenzioni in azione, come gli ordini e le promesse, hanno la direzione di adattamento da parte del mondo. Non dovrebbero rappresentare come stanno le cose, ma come vorremmo che fossero o come intendiamo farle essere... Oltre a queste due facoltà, c'è una terza, immaginazione, in cui il contenuto proposizionale non dovrebbe adattarsi alla realtà nel modo in cui il contenuto proposizionale della cognizione e della volontà dovrebbe adattarsi... l'impegno del mondo è abbandonato e abbiamo un contenuto proposizionale senza alcun impegno che rappresenti con entrambe le direzioni di vestibilità." Searle MSW p15

"Lo stato intenzionale rappresenta le sue condizioni di soddisfazione... le persone erroneamente suppongono che ogni rappresentazione mentale debba essere pensata consapevolmente... ma la nozione di rappresentazione come la sto usando è una nozione funzionale e non ontologica. Tutto ciò che ha condizioni di soddisfazione, che può avere successo o fallire in un modo che è caratteristico dell'intenzionalità, è per definizione una rappresentazione delle sue condizioni di soddisfazione... possiamo analizzare la struttura

dell'intenzionalità dei fenomeni sociali analizzandone le condizioni di soddisfazione".
Searle MSW p28-32

"Ma non c'è analogico prelinguistico per le Dichiarazioni. Gli Stati intenzionali prelinguistici non possono creare fatti nel mondo rappresentando tali fatti come già esistenti. Questa straordinaria impresa richiede una lingua" MSW p69

"... una volta che hai il linguaggio, è inevitabile che avrai la deontologia perché non c'è modo di fare atti vocali espliciti eseguiti secondo le convenzioni di un linguaggio senza creare impegni. Questo è vero non solo per le dichiarazioni, ma per tutti gli atti vocali" MSW p82

Una nozione critica introdotta da S molti anni fa è Condizioni di Soddisfazione (COS) sui nostri pensieri (proposte di S2) che W chiamavano inclinazioni o disposizioni ad agire - ancora chiamato con il termine inappropriato 'atteggiamenti proposizionali' da molti. COS sono spiegati da S in molti luoghi come su p169 di PNC: "Così dire qualcosa e significa che coinvolge due condizioni di soddisfazione. In primo luogo, la condizione di soddisfazione che l'espressione sarà prodotta, e in secondo luogo, che l'espressione stessa deve avere condizioni di soddisfazione." Come S afferma in PNC, "Una proposta è qualsiasi cosa che può determinare una condizione di soddisfazione... e una condizione di soddisfazione... è che tale e tale è il caso. Oppure, uno ha bisogno di aggiungere, che potrebbe essere o potrebbe essere o potrebbe essere immaginato per essere il caso, come egli chiarisce in MSW. Per quanto riguarda le intenzioni, "per essere soddisfatti, l'intenzione stessa deve funzionare causalmente nella produzione dell'azione". (MSWp34).

"Speaker che significa... è l'imposizione di condizioni di soddisfazione sulle condizioni di soddisfazione. La capacità di farlo è un elemento cruciale delle capacità cognitive umane. Richiede la capacità di pensare su due livelli contemporaneamente, in un modo che è essenziale per l'uso del linguaggio. A un livello, l'altoparlante produce intenzionalmente un'espressione fisica, ma a un altro livello l'espressione rappresenta qualcosa. E la stessa dualità infetta il simbolo stesso. A unlivello, è un oggetto fisico come qualsiasi altro. A un altro livello,, ha un significato: rappresenta un tipo di stato di cose" MSW p74

Un modo per considerare questo è che l'inconscio sistema automatico 1 attiva la più alta personalità cosciente corticale del sistema 2, portando a contrazioni muscolari della gola che informano gli altri che vede il mondo in certi modi, che lo commettono in potenziali azioni. Un enorme progresso rispetto alle interazioni prelinguistiche oproto-linguistichein cui i movimenti muscolari lordi sono stati in grado di trasmettere informazioni molto limitate sulle intenzioni.

La maggior parte delle persone trarranno grande beneficio dalla lettura di W "On Certainty" o "RPP1 e 2" o dai due libri di DMS su OC (vedi le mie recensioni) in quanto fanno la differenza tra frasi vere che descrivono S1 e proposizioni vere o false che descrivono S2.

Questo mi sembra un approccio di gran lunga superiore al prendere le percezioni S1 di Searle come proposizionale (almeno in alcuni luoghi del suo lavoro) dal momento che possono diventare solo T o F (aspectual come S li chiama in MSW) dopo che si inizia a pensare a loro in S2.

Searle descrive spesso la necessità critica di notare i vari livelli di descrizione di un evento, quindi per Intention in Action (IA) "Abbiamo diversi livelli di descrizione in cui un livello è costituito dal comportamento al livello inferiore... oltre alla costitutiva a titolo di relazione, abbiamo anche la causale per mezzo della relazione." (p37 MSW).

"La prova cruciale che abbiamo bisogno di una distinzione tra intenzioni precedenti e intenzioni in azione è che le condizioni di soddisfazione nei due casi sono sorprendentemente diverse". (p35 MSW). Il COS di PI ha bisogno di un'intera azione, mentre quelli di IA solo parziale. Egli chiarisce (ad esempio, p34) che le intenzioni precedenti (PI) sono stati mentali (cioè sconcio S1) mentre si traducono in intenzioni in azione (IA) che sono atti coscienti (cioè, S2), ma entrambi sono causalmente auto-riflessivi (CSR). L'argomento critico che entrambi sono CSR è che (a differenza di credenze e desideri) è essenziale che essi pensano di portare il loro COS. Queste descrizioni della cognizione e della volontà sono riassunte nella tabella 2.1 (p38 MSW), che Searle ha usato per molti anni ed è la base per quella molto estesa che presento qui e nei miei numerosi articoli. A mioparere, aiuta enormemente a mettere in relazione questo alla ricerca psicologica moderna utilizzando la mia terminologia S1, S2 e la vera descrizione vs proposizionale (disposizionale) di W. Così, CSR fa riferimento A S1 vera percezione, memoria e intenzione, mentre S2 si riferisce a disposizioni come la fede e il desiderio.

Segue in modo molto semplice e inesorabile, sia dal lavoro del terzo periodo di W che dalle osservazioni della psicologia contemporanea, che "volontà", "sé" e "coscienza" sono elementi assiomatici solo veri del Sistema 1 proprio come vedere, sentire, ecc., e non vi è alcuna possibilità (intelligibilità) di dimostrare (di dare senso a) la loro falsità. Come W ha fatto così meravigliosamente chiaro numerose volte, sono la base per il giudizio e quindi non possono essere giudicati. Gli assiomi veri della nostra psicologia non sono probatori.

È fondamentale comprendere la nozione di "funzione" che è rilevante in questo caso. "Una funzione è una causa che serve a uno scopo... In questo senso le funzioni sono intenzionali-relative e quindi dipendenti dalla mente... funzioni di stato... Richiedono... l'imposizione collettiva e il riconoscimento di uno status"(p59 MSW).

Suggerisco, la traduzione di "L'intenzionalità del linguaggio è creata dall'intenzionalità intrinseca, o indipendente dalla mente degli esseri umani" (p66 MSW) come "la disposizionalità linguistica e consapevole di S2 è generata dalle funzioni riflessive assiomatiche inconsce di S1". Cioè, bisogna tenere a mente che il comportamento è programmato dalla biologia.

Ancora una volta, Searle afferma (ad esempio, p66-67 MSW) che S1 (cioè, ricordi, percezioni, atti riflessi) ha una struttura proposizionale (cioè vero-falso). Come ho notato sopra, e molte volte in altre recensioni, sembra cristallino che W è corretto, ed è fondamentale per comprendere il comportamento, che solo S2 è proposizionale e S1 è assiomatico e vero-solo. Entrambi hanno COS e Directions of Fit (DOF) perché l'intenzionalità genetica e assiomatica di S1 genera quella di S2, ma se S1 fosse proposizionale nello stesso senso significherebbe che lo scetticismo è intelligibile, il caos che era filosofia prima del ritorno di W, e in realtà se è vero, la vita non sarebbe possibile. Come W ha mostrato innumerevoli volte e la biologia mostra così chiaramente, la vita deve essere basata sulla certezza - reazioni rapide inconsce automatizzate. Organismi che hanno sempre un dubbio e una pausa per riflettere moriranno: nessuna evoluzione, nessun popolo, nessuna filosofia.

Lingua e scrittura sono speciali perché la lunghezza d'onda breve delle vibrazioni dei muscoli vocali consentono un trasferimento di informazioni di larghezza di banda molto più elevato rispetto alle contrazioni di altri muscoli e questo is in media diversi ordini di grandezza superiore per le informazioni visive.

S1 e S2 sono parti fondamentali dell'EP umano e sono i risultati, rispettivamente di miliardi e centinaia di milioni di anni di selezione naturale per una forma fisica inclusiva. Hanno facilitato la sopravvivenza e la riproduzione nel POE (Ambiente di adattamento evolutivo). Tutto di noi si snoda fisicamente e mentalmente nella genetica. Tutti i discorsi vaghi di S MSW (ad esempio, p114) sulle "convenzioni extra-linguistiche" e sulla "semantica extrasemantica" si riferiscono infatti all'EP e in particolare agli automatismi inconsci di S1 che sono alla base di ogni comportamento. Come W ha detto molte volte, il più familiare è per questo motivo invisibile.

Ecco anche la mia sintesi (che segue S in MSW) di come la ragione pratica opera: Cediamo ai nostri desideri (necessità di alterare la chimica del cervello), che in genere includono le ragioni di azione indipendente del desiderio (DIRA, cioè, desideri spostati nello spazio e nel tempo, spesso per l'altruismo reciproco--RA), che producono disposizioni a comportamenti che comunemente si traducono prima o poi nei movimenti muscolari che servono il nostro fitness-IF inclusivo (aumentato per i geni di sopravvivenza in noi stessi).

Penso che se opportunamente definito, DIRA sono universali in animali superiori e non per niente unico per gli esseri umani (si pensi madre gallina difendere la sua covata da una volpe) se includiamo i riflessi prelinguistici automatizzati di S1 (cioè, DIRA1), ma certamente l'ordine superiore DIRA di S2 (DIRA2) che richiedono il linguaggio sono unicamente umani. Il paradosso di come possiamo svolgere volontariamente DIRA2 (cioè gli atti S2 e le loro estensioni culturali che sono indipendenti dal desiderio) è che l'inconscio DIRA1, che serve la forma fisica inclusiva a lungo termine, genera il DIRA2 consapevole che spesso prevalgono sui desideri personali a breve termine. Gli agenti infatti creano consapevolmente le ragioni approssimative di DIRA2, ma queste sono estensioni molto limitate di inconscio o semplicemente automatizzate DIRA1 (la causa finale).

Dopo W, è abbastanza chiaro che la scelta fa parte delle nostre azioni riflettenti assiomatiche S1 vere e proprie e non può essere messa in discussione senza contraddizioni in quanto S1 è la base per interrogare. Non puoi dubitare che stai leggendo questa pagina perché la tua consapevolezza di essa è la base per dubitare.

Inevitabilmente, le famose dimostrazioni di W dell'inutilità dell'introspezione e dell'impossibilità di un linguaggio veramente privato spuntano ripetutamente ("... l'introspezione non può mai portare ad una definizione..." p8). Le nozioni di base di questo argomento sono estremamente semplici: nessun test, nessun linguaggio e un test possono essere solo pubblici. Se cresco da solo su un'isola deserta senza libri e un giorno decido di chiamare le cose rotonde sugli alberi 'coconut' e poi il giorno dopo ne vedo uno e dico 'coconut' sembra che ho iniziato su una lingua. Ma supponiamo che quello che dico (dal momento che non c'è nessuna persona o dizionario per correggermi) è 'coca' o anche 'mela' e il giorno dopo qualcos'altro? La memoria è notoriamente fallibile e abbiamo grandi difficoltà a mantenere le cose dritte anche con la correzione costante da parte degli altri e con l'incessante input dai media. Questo può sembrare un, punto banale, ma è fondamentale per l'intera questione dell'Inner e dell'Outer, cioè le nostre vere e proprie dichiarazioni non testabile della nostra esperienza rispetto alle vere o false dichiarazioni testabile riguardanti tutto ciò che riguarda il mondo, compreso il nostro comportamento. Anche se W ha spiegato questo con molti esempi che iniziano più di 3/4 di un secolo fa, raramente è stato capito ed è impossibile andare molto lontano con qualsiasi discussione sul comportamento a meno che non si fa. Come W, S, Hutto, Budd, Hacker, DMS, Johnston e altri hanno spiegato, chiunque pensi W ha un'affinità con Skinner, Quine, Dennett, Functionalismo, o qualsiasi altra escrezioni comportamentali che neganola nostra vita interiore, ha bisogno di tornare all'inizio.

La 'Filosofia della psicologia di Budgenstein'(1991) è una delle migliori opere per ottenere informazioni in modo da discuterne in dettaglio (vedi la mia recensione per ulteriori informazioni).

Su p21 inizia a discutere di disposizioni (cioè abilità S2 come pensare, conoscere, credere) che sembrano riferirsi a stati mentali (cioè, agli automatismi S1), un'altra grande confusione che W è stata la prima a mettere dritta. Così, su p28 'lettura' deve essere intesa come un'altra capacità disposizionale che non è uno stato mentale e non ha una durata definita come pensare, capire, credere ecc.

Pochi avvisi (Budd p29-32, Stern, Johnston e Moyal-Sharrock sono eccezioni) che W presciently (decenni prima che il caos e la scienza della complessità è nato) ha suggerito che alcuni fenomeni mentali possono avere origine in processi caotici nel cervello-che, ad esempio, non c'è nulla corrispondente a una traccia di memoria. Ha anche suggerito più volte che la catena causale ha una fine, e questo potrebbe significare sia che non è possibile (indipendentemente dallo stato della scienza) rintracciarlo ulteriormente o che il concetto di 'causa' cessa di essere applicabile oltre un certo punto (p34). Successivamente, molti hanno fatto suggerimenti simili senza alcuna idea che W li ha anticipati di decenni (in realtà oltre un secolo ormai in alcuni casi). Su p32 i "condizionali controfattuale" si riferiscono di nuovo a disposizioni come "potrebbe pensare che piova" che sono possibili stati di cose (o potenziali azioni - condizioni di soddisfazione di Searle) che possono sorgere nel caos. Può essere utile legare questo alle 3 lacune di intenzionalità di Searle, che ritiene criticamente necessarie.

Budd osserva il famoso commento di W su p33 -- "L'errore è dire che c'è qualcosa che significa qualcosa in cui consiste." Anche se W è corretto che non c'è stato mentale che costituisce significato, S note (come citato sopra) che c'è un modo generale per caratterizzare l'atto di significato-- "Speaker significato... è l'imposizione di condizioni di soddisfazione sulle condizioni di soddisfazione" che è un atto e non uno stato mentale. Come budd osserva su p35 questo può essere visto come un'altra dichiarazione della sua argomentazione contro il linguaggio privato (interpretazioni personali contro quelle pubblicamente testali). Allo stesso modo, con il rispetto delle regole e l'interpretazione su p36 -41, possono essere solo atti pubblicamente controllabili , senza regole private o interpretazioni private. E si deve notare che molti (il più famoso Kripke) perdere la barca qui, essere fuorviati dai frequenti riferimenti di W alla pratica della comunità a pensare che è solo pratica pubblica arbitraria che sta alla base del linguaggio e convenzioni sociali. W chiarisce molte volte che tali convenzioni sono possibili solo dato una psicologia condivisa innata che spesso chiama il background. Budd rifiuta correttamente questa errata interpretazione (ad esempio, p58).

Nel prossimo capitolo di Budd si occupa di sensazioni che nei miei rapporti (e nella psicologia moderna) è S1 e in termini W il vero background indiscutibile e intestabile. Il suo commento (p47) ..." che le nostre convinzioni sulle nostre sensazioni attuali poggiano su una base assolutamente sicura- il "mito del dato" è uno dei principali oggetti dell'attacco di Wittgenstein..." possono essere facilmente fraintesi. In primo luogo, egli commette l'errore universale di chiamare queste "credenze", ma è meglio riservare questa parola per S2 disposizioni vere o false. Come W ha reso molto chiaro, le sensazioni, ricordi e atti riflessivi di S1 sono assiomatici e non soggetti a fede nel senso usuale, ma sono meglio chiamati intese (il mio U1). A differenza delle nostre credenze S2 (comprese quelle sulle esperienze S1 di altre persone), non c'è alcun meccanismo di dubbio. Budd spiega bene questo, come su p52 dove nota che non c'è alcuna giustificazione possibile per dire che uno è nel dolore. Cioè, giustificare significa testare e che è possibile con s2 pensiero consapevole lento disposizionale, non S1 riflessivo elaborazione inconscia veloce. La sua discussione su p52-56 è eccellente, ma a mio parere, come tutti coloro che discono W sulle regole, il linguaggio privato e l'interno, tutto quello che deve fare è dire che in S1 non c'è alcun test possibile e questo è il significato del famoso "processo interiore" di W ha bisogno di criteri esteriori'. Cioè, l'introspezione è vacua.

La nota a piè di pagina 21 di Budd confonde le vere esperienze causali di S1 e le disposizioni ragionanali di S2.

Il punto delle prossime pagine sui nomi per 'oggetti interni' (dolori, credenze, pensieri, ecc.) è ancora una volta che hanno il loro uso (significato) ed è la designazione di disposizioni per agire, o nei termini di Searle, la specifica di Condizioni di soddisfazione, che rendono vera l'espressione.

Ancora una volta, la discussione di Budd su "Sensations and Causation" è sbagliata nell'affermare che "noi 'auto-attribuiti' o 'crediamo' nelle nostre sensazioni o 'prendere una posizione' (Dennett) che abbiamo un dolore o vedere un cavallo, ma piuttosto non abbiamo scelta - S1 è vero-solo e un errore è un evento raro e bizzarro e di un tipo completamente diverso da un errore in S2. E S1 è causale al contrario di S2, che riguarda le ragioni, ed è per questo che vedere il cavallo o sentire il dolore o saltare fuori dalla strada di una macchina eccesso di velocità non è soggetto a giudizi o errori. Ma lui ottienedi nuovo a destra - "Così l'infallibilità di auto-ascrizioni non inferenziali del dolore è compatibile con la tesi che una vera auto-acchettamento del dolore deve essere causata da un evento fisico nel corpo del soggetto, che è identico al dolore che sperimenta (p67)." Non accetto la sua seguente affermazione che W non accetterebbe questo sulla base di uno o due commenti in tutto il suo corpus, dal momento che nel suo lavoro successivo (in particolare OC) spende centinaia di pagine che descrivono la natura automatizzata causale di S1 e come si nutre in (cause) S2 che poi si nutre di nuovo a S1 per causare movimenti muscolari (compreso il discorso). Gli animali sopravvivono solo perché la loro vita è totalmente diretta dai fenomeni che li circondano che sono altamente prevedibili (i cani possono saltare ma non volano mai).

Il prossimo capitolo di Seeing Aspects descrive i commenti estesi di W su come S1 e S2 interagiscono e dove il nostro linguaggio è ambiguo in ciò che potremmo intendere per "vedere". Ingenerale, è chiaro che 'vedere come' o aspetto vedere fa parte delle lente azioni cerebrali S2 mentre solo vedendo è il vero automatismi S1, ma sono così ben integrati che è spesso possibile descrivere una situazione in più modi che spiega il commento di W su p97. Egli osserva che W è esclusivamente interessato a ciò che ho altrove chiamato 'Seeing2' o 'Concepts2', vale a dire, aspetto o S2 di elaborazione di ordine superiore delle immagini.

Qui, come in tutto questo libro e in qualsiasi discussione su W o di comportamento, è di grande valore fare riferimento a 'Wittgenstein: Rethinking the Inner' di Johnston (1993) e soprattutto alle sue discussioni sulla natura indeterminata del linguaggio.

Nel capitolo 5 di Budd ci occupiamo ancora di una delle principali preoccupazioni per i lavori successivi di W: le relazioni tra S1 e S2. Come ho notato nelle mie altre recensioni, pochi hanno pienamente capito il successivo W e, mancando il quadro S1, S2 non è sorprendente. Così, la, discussione di Budd di vedere (automatico S1) vs visualizzazione (cosciente S2 che è soggetto alla volontà) è gravemente ostacolata. Così, si può capire perché non si può immaginare un oggetto mentre lo si vede come il dominio di S2 da S1 (p110). E su p115 è il problema familiare di non esserci alcun test per le mie esperienze interiori, quindi qualsiasi cosa dica mi viene in mente quando immagino che il volto di Jack conti come l'immagine di Jack. Allo stesso modo, con la lettura e il calcolo che possono riferirsi a S1, S2 o una combinazione e c'è la costante tentazione di applicare termini S2 ai processi S1 dove la mancanza di qualsiasi test li rende inapplicabili. Vedere Bennet e Hacker 'Neurofilosofia', DMS, ecc per le discussioni. Su p120 et seq. "Giocare" e "calcolare" descrivono gli atti reali o potenziali, cioè le parole a disposizione, ma con plausibili usi riflessivi S1, così come ho detto prima che si dovrebbe davvero tenerli dritti scrivendo 'playing1' e 'playing2' ecc. Ma non ci viene insegnato a farlo e quindi vogliamo liquidare il "calcolo1" come fantasia, o pensiamo di poter lasciare la sua natura indecisa fino a tardi. Da qui il famoso commento di W (p120) - "Il movimento decisivo nel trucco evocativo è stato fatto, ed è stato proprio quello che pensavamo abbastanza innocente."

Il capitolo 6 spiega un altro argomento frequente di W, che quando parliamo, il discorso stesso è il nostro pensiero e non c'è qualche altro processo mentale precedente e questo può essere visto come un'altra versione dell'argomento della lingua privata - non ci sono cose come 'criteri interiori' che ci permettono di dire ciò che pensavamo prima di agire (parlare).

Il punto dei commenti di W (p125) su altri modi immaginabili di usare il verbo "intenzione" è che non sarebbero gli stessi del nostro "intenzione", cioè il nome di un evento potenziale (PE) e in realtà non è chiaro cosa significherebbe. "Ho intenzione di mangiare" ha il COS di mangiare, ma se significava (COS è) mangiare allora non descriverebbe un'intenzione, ma un'azione e se significava dire le parole (COS è discorso) allora non avrebbe più COS e come potrebbe funzionare in entrambi i casi?

Alla domanda su p127 su quando una frase esprime un pensiero (ha un significato), possiamo dire 'Quando ha COS chiaro' e questo mezzo ha condizioni di verità pubblica. Da qui la citazione from W: "Quandopenso nel linguaggio, non ci sono 'significati' che mi passano per la mente oltre alle espressioni verbali: il linguaggio è esso stesso il veicolo del pensiero". E, se penso con o senza parole, il pensiero è quello che (onestamente) dico che è come non c'è nessun altro criterio possibile (COS). Così,, gli incantevoli aforismi di W (p132) "È nel linguaggio che il desiderio e l'adempimento si incontrano" e "Come ogni cosa metafisica, l'armonia tra il pensiero e la realtà si trova nella grammatica della lingua".

E si potrebbe notare qui che la "grammatica" in W di solito può essere tradotta come 'EP' e che, nonostante i suoi frequenti avvertimenti contro la teorizzazione e la generalizzazione, si tratta di una caratterizzazione tanto ampia quanto la filosofia e la psicologia descrittiva di ordine superiore come si può trovare. Ancora unavolta, questo sottrae le frequenti critiche di Searle a W come anti-teoriche: tutto dipende dalla natura della generalizzazione.

Aiuta molto in questa sezione di Budd sull'armonia del pensiero con la realtà (cioè, di come disposizioni come aspettarsi, pensare, immaginare il lavoro-- cosa significa pronunciarli) per affermarli in termini di COS di S che sono il PE (possibili eventi) che li rendono veri. Se dico che mi aspetto Jack a venire poi il COS (PE) che lo rende vero è che Jack arriva e i miei stati mentali o il comportamento fisico (pacing la stanza, immaginando Jack) sono irrilevanti. L'armonia del pensiero e della realtà è che Jack arriva indipendentemente dal mio comportamento precedente o successivo o da qualsiasi stato mentale che possa avere e Budd è confuso o almeno confuso quando afferma (fondo p132) che ci deve essere una descrizione interna di uno stato mentale che può essere d'accordo con la realtà e che questo è il contenuto di un pensiero, in quanto questi termini dovrebbero essere limitati agli automatismi di S1 solo e mai utilizzati per le funzioni coscienti di S2. Il contenuto (significato) del pensiero che Jack verrà è l'evento esterno (pubblico) che viene e non qualsiasi evento mentale interno o stato, che l'argomento del linguaggio privato mostra è impossibile connettersi agli eventi esterni. Abbiamo una verifica molto chiara per l'evento esterno, ma nessuna per "eventi interni". E come W e S hanno ben dimostrato molte volte, l'atto vocale di pronunciare la frase 'Mi aspetto che Jack venga' è solo il pensiero (frase) che Jack verrà e il COS è lo stesso , che Jack viene. E così la risposta alle due domande su p133 e l'importazione del commento di W su p 135 dovrebbe ora essere cristallina - "In virtù di ciò che è vero che la mia aspettativa ha quel contenuto?" e "Che cosa è diventato ora dello spazio cavo e il solido corrispondente?" così come "... l'interpolazione di un'ombra tra la frase e la realtà perde ogni punto. Per ora,, la frase stessa può servire come tale ombra. E così, dovrebbe anche essere abbastanza chiaro a cosa Budd si riferisce a ciò che rende "possibile che ci sia l'armonia richiesta (o la mancanza di armonia) con la realtà."

Allo stessomodo, con la domanda nella prossima sezione... cosa rende vero che la mia immagine di Jack è un'immagine di lui? Immaginare è un'altra disposizione e il COS è che l'immagine che ho in testa è Jack ed è per questo che dirò 'sì' se mostrato la sua immagine e 'NO' se mostrato uno di qualcun altro. Il test qui non è che la foto corrisponde all'immagine vaga che avevo, ma che l'ho inteso (aveva il COS che) per essere un'immagine di lui. Da qui la famosa citazione di W: "Se Dio avesse guardato nella nostra mente non sarebbe stato in grado di vedere lì di chi stavamo parlando (PI p217)" e i suoi commenti che l'intero problema della rappresentazione è contenuto in "questo è lui" e "... ciò che dà all'immagine la sua interpretazione è il percorso su cui si trova." Da qui la somma di W (p140) che "Quello che si tratta sempre alla fine è che senza alcun significato ulteriore, egli chiama quello che è successo il desiderio che ciò accada" ... la domanda se so quello che voglio prima che il mio desiderio è soddisfatto non può sorgere a tutti. E il fatto che qualche evento fermi il mio desiderio non significa che lo adempia. Forse non avrei dovuto essere soddisfatto se il mio desiderio fosse stato soddisfatto" ... Supponiamo che gli sia stato chiesto: 'So cosa ho tempo prima di ottenerlo? Se ho imparato a parlare, allora lo so. Le parole di disposizione si riferiscono a PE che accetto come adempiere il COS e i miei stati mentali, emozioni, cambiamento di interesse ecc. non hanno alcuna influenza sul modo in cui le disposizioni funzionano.

Come nota giustamente Budd, spero, desiderando, aspettando, pensando, intendendo, desiderando ecc. a seconda dello stato in cui mi prendo di essere... sul COS che esprimo. Pensare e intendere sono disposizioni S2 che possono essere espresse solo da riflessive contrazioni muscolari S1, in particolare quelle del discorso.

W non ha mai dedicato tanto tempo alle emozioni come ha fatto per le disposizioni quindi c'è meno sostanza al capitolo 7. Egli osserva che in genere l'oggetto e la causa sono gli stessi, cioè sono causalmente autoreferenziali (o causalmente auto riflessivo come preferisce Searle) - un concetto ulteriormente sviluppato da S. Se si guarda il mio tavolo, è chiaro emozioni hanno molto di più in comune con il veloce, vero solo automatismi di S1 che con il lento, vero o falso pensiero di S2, ma naturalmente S1 alimenta S2 e a sua volta S1 automatismi sono spesso modificati da S2 e S2 "pensieri" possono diventare automatizzati (S2A).

La sintesi di Budd è una fine appropriata al libro (p165). "Il ripudio del modello di 'oggetto e designazione' per le parole psicologiche quotidiane: la negazione che l'immagine del processo interiore fornisce una corretta rappresentazione della grammatica di tali parole, non è l'unica ragione per l'ostilità di Wittgenstein all'uso dell'introspezione nella filosofia della psicologia. Ma è il suo fondamento ultimo."

Ora prendiamo un'altra dose di Searle.

"Ma non si può spiegare un sistema fisico come una macchina da scrivere o un cervello identificando un modello che condivide con la sua simulazione computazionale, perché l'esistenza del modello non spiega come il sistema funziona effettivamente come sistema fisico. ... In sintesi, il fatto che l'attribuzione della sintassi non identifichi ulteriori poteri causali è fatale per l'affermazione che i programmi forniscono spiegazioni causali di cognizione ... C'è solo un meccanismo fisico, il cervello, con i suoi vari livelli di descrizione reali fisici e fisici/mentali." Filosofia Searle in un nuovo secolo (PNC) p101-103

"In breve, il senso di "elaborazione delle informazioni" che viene utilizzato nella scienza cognitiva è a un livello troppo alto di astrazione per catturare la realtà biologica concreta dell'intenzionalità intrinseca... Siamo accecati da questa differenza dal fatto che la stessa frase 'Vedo una macchina venire verso di me', può essere utilizzato per registrare sia l'intenzionalità visiva che l'output del modello computazionale della visione... nel senso di 'informazione' utilizzata nella scienza cognitiva, è semplicemente falso dire che il cervello è un dispositivo di elaborazione delle informazioni." Searle PNC p104-105

"Lo stato intenzionale rappresenta le sue condizioni di soddisfazione... le persone erroneamente suppongono che ogni rappresentazione mentale debba essere pensata consapevolmente... ma la nozione di rappresentazione come la sto usando è una nozione funzionale e non ontologica. Tutto ciò che ha condizioni di soddisfazione, che può avere successo o fallire in un modo che è caratteristico dell'intenzionalità, è per definizione una rappresentazione delle sue condizioni di soddisfazione... possiamo analizzare la struttura dell'intenzionalità dei fenomeni sociali analizzandone le condizioni di soddisfazione". Searle MSW p28-32

E un altro colpo di Wittgenstein.

"La filosofia ci mette semplicemente tutto davanti a noi e non spiega né deduce nulla... Si potrebbe dare il nome
"filosofia" a ciò che è possibile prima di tutte le nuove scoperte e invenzioni." PI 126

"Più esaminiamo il linguaggio reale, più il più stretto diventa il conflitto tra esso e il nostro requisito. (Per la purezza cristallina della logica non era, ovviamente, un risultato di indagine: era un requisito.)" PI 107

"Qui ci troviamo di fronte a un fenomeno notevole e caratteristico nell'indagine filosofica: la difficoltà--- potrei dire--- non è quella di trovare la soluzione, ma piuttosto quella di riconoscere come la talelutzione qualcosa che sembra essere solo un preliminare ad esso. Abbiamo già detto tutto. --- Non tutto ciò che segue da questo, non questa è la soluzione! .... Questo è collegato, credo, con la nostra spiegazione erroneamente in attesa, mentre la soluzione della difficoltà è una descrizione, se gli diamo il posto giusto nelle nostre considerazioni. Se ci sbito su di esso, e non cercare di andare oltre. Zettel p312-314

Un tema importante in tutte le discussioni sul comportamento umano è la necessità di separare gli automatismi geneticamente programmati dagli effetti della cultura. Tutti gli studi sul comportamento di ordine superiore è uno sforzo per prendere in giro non solo veloce S1 e lento pensiero S2 (ad esempio, percezioni e altri automatismi vs disposizioni), ma le estensioni logiche di S2 in cultura.

Il lavoro di Searle nel suo complesso fornisce una descrizione straordinaria del comportamento sociale S2 di ordine superiore a causa della recente evoluzione dei geni per la psicologia disposizionale, mentre la W successiva mostra come si basa su veri- solo assiomi inconsci di S1 che si sono evoluti in pensiero proposizionale disposizionale cosciente di S2.

Una cosa da tenere a mente è che la filosofia non ha alcun impatto pratico se non per chiarire le confusioni su come viene utilizzato il linguaggio in casi particolari. Come varie "teorie fisiche" ma a differenza di altre visioni dei cartoni animati della vita (religiose, politiche, psicologiche, sociologiche, antropologiche), è troppo cerebrale ed esoterico per essere afferrato da più di una piccola frangia ed è così irrealistico che anche i suoi aderenti la ignorano totalmente nella loro vita quotidiana. Allo stessomodo, con altre "teorie della vita" accademiche come lo Standard Social Science Model ampiamente condiviso dalla sociologia, dall'antropologia, dalla psicologia pop, dalla storia e dalla letteratura. Tuttavia, le religioni grandi e piccole, i movimenti politici, e talvolta l'economia spesso generano o abbracciano cartoni animati già esistenti che ignorano la fisica e la biologia (natura umana), le forze terrestri o cosmiche che rafforzano le nostre superstizioni (inadempienze EP) e aiutano a gettare rifiuti sulla terra (il vero scopo di quasi ogni pratica sociale e istituzione, che sono lì per facilitare la replicazione dei geni e il consumo di risorse). Il punto è rendersi conto che questi sono su un continuum con cartoni animati filosofici e hanno la stessa fonte (la nostra psicologia evoluta). Tutti noi potremmo dire di generare / assorbire varie visioni dei cartoni animati della vita quando giovani e solo pochi ne crescono mai.

Si noti inoltre che, come W ha osservato molto tempo fa, il prefisso "meta" è inutile e confuso nella maggior parte dei contesti (forse tutti), quindi per 'metacognizione' ovunque sostituire 'cognizione' o 'pensare', dal momento che pensare a ciò che noi o gli altri crediamo o sanno è pensare come qualsiasi altro e non deve essere visto come 'lettura della mente' (Comprensione dell'Agenzia o UA nella mia terminologia) sia. In termini di S, i COS sono la prova di ciò che si pensa e sono identici per 'sta piovendo', credo che stia piovendo', 'Credo che stia piovendo' e 'crede che stia piovendo' (allo stesso modo per 'sa', desideri, giudici, capisce, ecc.), vale a dire che sta piovendo. Questo è il fatto critico da tenere a mente per quanto riguarda la "metacognizione" e la "lettura della mente" delle disposizioni ('atteggiamenti proposizionali').

Ora per alcuni estratti dalla mia recensione di Carruthers' (C) 'L'opacità della mente' (2013) che è pieni di confusioni classiche vestite da scienza. È stato oggetto di un precis in Brain and Behavioral Sciences (BBS) che non deve mancare.

Una delle risposte in BBS è stata di Dennett (che condivide la maggior parte delle illusioni di C), che sembra trovare queste idee abbastanza buone, tranne che C dovrebbe eliminare l'uso di 'I' in quanto presuppone l'esistenza di un sé superiore (l'obiettivo è la riduzione difficile di S2 a S1). Naturalmente, l'atto stesso di scrivere, leggere e tutto Il linguaggio e i concetti di qualsiasi cosa presupponga noto sé, coscienza e volontà (come sinistra S spesso osserva), quindi un tale racconto sarebbe solo un cartone animato di vita senza alcun valore, che si potrebbe dire della maggior parte filosofica e molte disquisizioni 'scientifiche' sul comportamento. Il quadro W /S ha da tempo notato che il primo-punto di vista della persona nonè eliminabile o riducibile a una terza persona, ma questo non è un problema per la visione dei cartoni animati della vita. Allo stesso modo, con la descrizione della funzione cerebrale o del comportamento come 'computazionale', 'elaborazione delle informazioni' ecc,, - tutto ben sfatato innumerevoli volte da W / S, Hutto, Read, Hacker e molti altri. La cosa peggiore di tutte è la "rappresentazione" cruciale ma del tutto poco chiara, per la quale penso che l'uso di S come condizione di soddisfazione (COS) sia di gran lunga il migliore. Cioè, la "rappresentazione" di "Penso che stia piovendo" è il COS che sta piovendo.

Triste di tutti è che C (come Dennett e Searle) pensa di essere un esperto di W, dopo averlo studiato all'inizio della sua carriera e ha deciso che l'argomento della lingua privata deve essere respinto come 'comportamentismo'! W notoriamente respinto il comportamento e gran parte del suo lavoro è dedicato a descrivere perché non può servire come descrizione del comportamento. "Non sei davvero un comportamentista sotto mentite spoglie? Non stai dicendo che tutto tranne il comportamento umano è una finzione? Se parlo di una finzione, allora è di una finzione grammaticale." (PI p307) E si può anche indicare il vero comportamento in C nella sua moderna forma 'computationalist'. W / S insistono sulla indispensabilità del primo-punto di vista persona, mentre C si scusa con D nell'articolo BBS per l'utilizzo di "I" o "self".

Hutto ha mostrato il vasto divario tra W e Dennett (D) che servirà a characterize C pure, dal momento che prendo D e C (insieme con la Chiesa e molti altri) di essere sulla stessa pagina. S è uno dei tanti che hanno decostruito D in vari scritti e tutti possono essere letti in opposizione a C. E ricordiamo che W si attacca agli esempi di linguaggio in azione, e una volta che si ottiene il punto che è per lo più molto facile da seguire, mentre C è affascinato dal "teorizzare" (cioè concatenando numerose frasi senza COS chiaro) e raramente si preoccupa con giochi linguistici specifici, preferendo esperimenti e osservazioni che sono abbastanza difficili da interpretare in modo definitivo (vedi le risposte BBS), e che in ogni caso non hanno alcuna rilevanza per le descrizioni di comportamento di livello superiore (ad esempio, esattamente come si inseriscono nella tabella intenzionale). Un libro che loda come definitivo (Memoria e il cervello computazionale) presenta il cervello come un processore di informazioni computazionali, una visione sofomorica accuratamente e ripetutamente annientata da S e altri, tra cui W negli anni '30. Nell'ultimo decennio,, ho letto migliaia di pagine di e su W ed è abbastanza chiaro che C non ha un indizio. In questo si unisce a una lunga serie di filosofi illustri la cui lettura di W era infruttuosa - Russell, Quine, Dummett, Kripke, Dennett, Putnam, Chomsky ecc .(anche se Putnam ha cominciato a vedere la luce più tardi). Non riescono a cogliere il messaggio che la maggior parte della filosofia sono scherzi grammaticali e vignette impossibili, una visione cartoon della vita.

Libri come 'L'opacità della mente' che tentano di collegare due scienze o due livelli di descrizione sono in realtà due libri e non uno. C'è la descrizione (non spiegazione, come W ha chiarito) del nostro linguaggio e comportamento non verbale e poi gli esperimenti di psicologia cognitiva. "L'esistenza del metodo sperimentale ci fa pensare di avere i mezzi per risolvere i problemi che ci afflizione; anche se problema e metodo passano l'un l'altro da ". (W PI p232), Cet al sono affascinati dalla scienza e solo supporre che è un grande progresso per wedpsicologia descrittiva di altolivello per neuroscienze e psicologia sperimentale, ma W / S e molti altri hanno dimostrato che questo è un errore. Lungi dal rendere la descrizione del comportamento scientifica e chiara, la rende incoerente. E deve essere stato per la grazia di Dio che Locke, Kant, Nietzsche, Hume, Wittgenstein, Searle e altri sono stati in grado di dare resoconti così memorabili di comportamento senza alcuna scienza sperimentale di sorta. Naturalmente, come i politici, i filosofi raramente ammettono errori o zitto, quindi questo andrà avanti e avanti per ragioni W diagnosticato perfettamente. La linea di fondo deve essere ciò che è utile e ciò che ha senso nella nostra vita quotidiana. Suggerisco che le opinioni filosofiche del CDC (Carruthers, Dennett,

Churchland), al contrario di quelle di W/S, non sono utili e le loro conclusioni finali che, l'auto e la coscienza, non hanno alcun senso, cioè sono prive di significato, non avendo cos chiare. Resta da determinare se i commenti del CDC sulla scienza cognitiva abbiano un valore euristico.

Questo libro (come un enorme corpo di altre scritture) cerca di scontare il CALDO di altri animali e di ridurre il comportamento alle funzioni cerebrali (per assorbire la psicologia in fisiologia). La filosofia è un disastro, ma, a condizione che si legga per la prima volta le molte critiche nel BBS, il commento sulla psicologia e la fisiologia recenti può essere di interesse. Come Dennett, Churchland e tanti altri spesso fanno, C non rivela le sue vere gemme fino alla fine, quando ci viene detto che sé, volontà, la coscienza sono illusioni (presumibilmente nei sensi normali di queste parole). Dennett doveva essere smascherato da S, Hutto et al per aver spiegato queste "superstizioni" (cioè facendo la solita mossa filosofica di non spiegare affatto e di fatto nemmeno descrivere) ma sorprendentemente C lo ammette all'inizio, anche se naturalmente pensa che ci stia mostrando queste parole non significa ciò che pensiamo e che il suo uso dei cartoni animati è valido.

Si dovrebbe anche vedere le critiche di Bennett e Hacker alla scienza cognitiva in 'Philosophical Foundations of Neuroscience' (2003) e il loro dibattito con S e Dennett in 'Neuroscienze e filosofia' (2009-e non perdere il saggio finale di Daniel Robinson). È anche ben esplorato nei tre recenti libri di Hacker su "Human Nature".

Ci sono stati a lungo libri sulla fisica chimica e chimica fisica, ma non c'è alcun segno che i due si fonderanno (né è un'idea coerente) né che la chimica assorbirà la biochimica né a sua volta assorbirà la fisiologia o la genetica, né che la biologia scomparirà né che eliminerà la psicologia, la sociologia, ecc. Ciò non è dovuto alla "gioventù" di queste discipline, ma al fatto che si tratta di diversi livelli di descrizione con concetti, dati e meccanismi esplicativi completamente diversi. Ma l'invidia della fisica è powerful e non possiamo resistere alla 'precisione' della fisica, della matematica, dell'informazione e del calcolo rispetto alla vaghezza dei livelli superiori. E 'deve' essere possibile. Il riduzionismo prospera nonostante l'incomprensione della meccanica quantistica, l'incertezza, le onde/particelle, i gatti vivi/morti, l'entanglement quantistico e l'incompletezza e la casualità della matematica (Godel/Chaitin, vedi la mia recensione completa di "I limiti esterni della ragione" di Yanofsky e degli estratti qui) e la sua irresistibile attrazione ci dice che è dovuto ai valori predefiniti di Yanofsky. Ancoraunavolta, una boccata d'aria fresca di cui c'era bisogno da W: "Per la purezza cristallina della logica non era, ovviamente, il risultato di un'indagine: era un requisito." PI p107. È difficile resistere a buttare giù la maggior parte dei libri sul comportamento e rileggere W e S. Basta saltare da qualsiasi cosa cercando di 'spiegare' comportamento di ordine superiore ad esempio queste citazioni da http://topologicalmedialab.net/xinwei/classes/readings/Wittgenstein/pi_94-138_239-309.html PI.

È chiaro a me dopo aver letto diecimila pagine di filosofia nell'ultimo decennio che il tentativo di fare psicologia descrittiva di livello superiore di questo tipo, dove il linguaggio ordinario si trasforma in usi speciali sia deliberatamente che inavvertitamente, è essenzialmente impossibile (cioè la normale situazione nella filosofia e in altre discipline comportamentali). L'uso di parole gergali speciali (ad esempio, intensionalità, realismo, ecc.) non funziona neanche perché non ci sono forze di filosofia per far rispettare una definizione ristretta e gli argomenti su ciò che significano sono interminabili. Hacker è buono, ma la sua scrittura così prezioso e denso è spesso doloroso. Searle è molto bravo, ma richiede un certo sforzo per abbracciare la sua terminologia e commette alcuni errori eclatanti, mentre W è mani verso il basso il più chiaro e più penetrante, una volta compreso quello che sta facendo, e nessuno è mai stato in grado di eminerarlo. Il suo TLP rimane l'ultima dichiarazione della visione ridulorante meccanica della vita, ma in seguito vide il suo errore e diagnosticato e curato la 'malattia dei cartoni animati', ma pochi hanno capito il punto e semplicemente lo ignorano e la biologia pure, e quindi ci sono decine di migliaia di libri e milioni di articoli e la maggior parte delle organizzazioni religiose e politiche (e fino a poco tempo fa la maggior parte dell'economia) e quasi tutte le persone con visioni dei cartoni animati della vita. Ma il mondo non è un cartone animato, quindi si sta giocando una grande tragedia mentre le visioni della vita dei cartoni animati (ad esempio, socialismo, democrazia, multiculturalismo) si scontrano con la realtà e la cecità e l'egoismo universali portano al collasso della civiltà.

Mi sembra abbastanza ovvio (come è stato a W) che la visione meccanica della mente esiste per lo stesso motivo di tutti i comportamenti di base, è il funzionamento predefinito del nostro EP che cerca spiegazioni in termini di ciò che possiamo deliberatamente pensare attraverso lentamente, piuttosto che nell'automatizzato S1, di cui rimaniamo per lo più ignari.

Tuttavia, è vero che la maggior parte del comportamento è meccanico e che l'Illusione Fenomenoscopica è di portata molto maggiore di quanto Searle dedica. E 'più sorprendente per me quando si guida una macchina in autostrada e improvvisamente scattando indietro alla consapevolezza S2 sorpreso di rendersi conto che ho appena guidato per diversi minuti senza consapevolezza consapevole di guidare a tutti. Sulla riflessione, questo automatismo può essere visto per spiegare quasi tutto il nostro comportamento, con solo minima supervisione e consapevolezza da S2. Sto scrivendo questa pagina e devo "pensare" (cioè, lascia passare un po' di tempo) su cosa dire, ma poi scorre solo nelle mie mani che lo digitano e in generale è una sorpresa per me se non quando penso di cambiare una frase specifica. E si legge dando comandi al vostro corpo di sedersi ancora e guardare questa parte della pagina, ma le parole appena fluire in voi e una sorta di comprensione e memoria accadere, ma a meno che non si concentra su una frase c'è solo un vago senso di fare qualsiasi cosa. Un giocatore di calcio corre lungo il campo e calcia la palla e migliaia di impulsi nervosi e contrazioni muscolari abilmente coordinati con movimenti oculari, e feedback da organi propriocettivi e bilanciare si sono verificati, ma c'è solo una vaga sensazione di controllo e altolivelloconsapevolezza dei risultati. S2 è il capo della polizia che siede nel suo ufficio mentre S1 ha migliaia di ufficiali che fanno il lavoro effettivo secondo leggi che per lo più non conosce nemmeno. Lettura, scrittura o calcio sono atti volontari A2 visti dall'alto, ma composto da migliaia di atti automatici A1 visto dal basso. Gran parte della scienza comportamentale contemporanea si occupa di questi automatismi.

È una buona idea leggere almeno il capitolo 6 del PNC di Searle, "L'illusione fenomenologica" (TPI). È chiaro come cristallo che TPI è dovuto all'ignarità degli automatismi di S1 e a prendere il lento pensiero cosciente di S2 come non solo primario ma come tutto ciò che c'è. Questa è la classica cecità Blank Slate. È anche chiaro che W ha mostrato questo circa 60 anni prima e ha dato la ragione per esso nel primato della vera rete assiomatica automatica inconscia del nostro sistema innato 1 che è la fonte dell'Inner. Molto approssimativamente, per quanto riguarda le caratteristiche 'osservatore indipendente' del mondo come S1 o L'Interno, e le caratteristiche 'dipendenti dall'osservatore' come S2 o The Outer dovrebbero rivelarsi molto rivelando. Come osserva Searle, i Fenomenologi hanno l'ontologia esattamente all'indietro, ma ovviamente lo fanno quasi tutti a causa delle impostazioni predefinite del loro EP.

Un altro ottimo lavoro su W che merita uno studio approfondito è 'Wittgenstein: Rethinking the Inner' di Johnston (1993). Egli osserva che alcuni obiettano che se i nostri rapporti e ricordi sono davvero intestati non avrebbero alcun valore, ma "Questa obiezione manca l'intero punto dell'argomento di W, perché presuppone che ciò che è realmente accaduto, e ciò che l'individuo dice accaduto, sono due cose distinte. Come abbiamo visto, tuttavia, la grammatica delle dichiarazioni psicologiche significa che queste ultime costituiscono i criteri per la prima. Se vediamo qualcuno con un'espressione concentrata sul suo viso e vogliamo sapere 'cosa sta succedendo dentro di lei', allora il suo sinceroy ci dice che sta cercando di elaborare la risposta a una somma complicata ci dice esattamente quello che vogliamo sapere. La questione se, nonostante la sua sincerità, la sua dichiarazione potrebbe essere una descrizione imprecisa di ciò che sta (o stava) facendo non si pone. La fonte di confusione qui è l'incapacità di riconoscere che i concetti psicologici hanno una grammatica diversa da quella dei concetti utilizzati per descrivere gli eventi esterni. Ciò che fa sembrare l'interiore così misterioso è il tentativo fuorviante di capire un concetto in termini di un altro. Infatti il nostro concetto di Interiore, quello che intendiamo quando parliamo di 'quello che stava succedendo dentro di lei' è legato non a misteriosi processi interiori, ma al racconto che l'individuo offre della sua esperienza... Come processi o eventi, ciò che accade all'interno dell'individuo non è di alcun interesse, o meglio è di un interesse puramente medico o scientifico" (p13-14).

"L'attacco di W alla nozione di processi interiori non implica che solo l'Esterno sia importante, al contrario; mettendo in evidenza la vera natura delle espressioni, sottolinea il fatto che non siamo solo interessati al comportamento. Non vogliamo solo sapere che il corpo della persona era in una posizione tale e tale e che le sue caratteristiche disposte in modo tale e tale. Piuttosto siamo interessati al suo racconto di ciò che sta dietro questo comportamento..." (p16-17)

Nel definire il ragionamento di W sull'impossibilità di regole private o di una lingua privata, osserva che "Il vero problema però non è semplicemente che lei non riesce a stabilire regole, ma che in linea di principio non poteva farlo... Il punto è che senza procedure pubblicamente controllabili, non poteva distinguere tra seguire la regola e semplicemente pensare di seguire la regola."

Su p55 Johnston fa il punto rispetto alla visione (che è stata resa molte volte da W e S in questo e in altri contesti) che la discussione dell'Esterno è del tutto dipendente per la sua stessa intelligibilità sulla natura inequivocabile della nostra diretta prima-persona esperienza dell'Interiore. Il Sistema 2 dubbi scettici riguardanti la mente, la volontà, i sensi, il mondo, non possono ottenere un appiglio senza le vere certezze del Sistema 1 e la certezza che state leggendo queste parole ora è la base del giudizio, non una cosa che può essere giudicata. Questo errore è uno dei più basilari e comuni in tutta la filosofia.

Su p81 fa notare che l'impossibilità, nel caso normale, di controllare le sue dichiarazioni riguardanti le vostre disposizioni (spesso ma confusamente chiamate "atteggiamenti proposizionali") come quello che pensavate o sentite, lungi dall'essere un difetto della nostra psicologia, è esattamente ciò che dà interesse a queste affermazioni. "Sono stanco" ci dice come ti senti piuttosto che darci un altro po 'di dati sull'Esterno come i tuoi movimenti lenti o le ombre sotto i tuoi occhi.

Johnston poi fa un ottimo lavoro nel spiegare il debunking di W all'idea che il significato o la comprensione (e tutte le disposizioni) sono esperienze che accompagnano il discorso. Come W ha sottolineato, basta considerare il caso in cui pensi di capire, e poi scoprire che non l'hai fatto, per vedere l'irrilevanza di qualsiasi esperienza interiore al significato, alla comprensione, al pensiero, al credere, al sapere ecc. L'esperienza che conta è la consapevolezza del gioco di lingua pubblica a cui partecipiamo. Considerazioni simili dissolvono il problema della "velocità del pensiero". "La chiave è riconoscere che il pensiero non è un processo o un susseguirsi di esperienze, ma un aspetto della vita degli esseri coscienti. Ciò che corrisponde alla velocità di luce del pensiero è la capacità dell'individuo di spiegare in qualsiasi momento ciò che sta facendo o dicendo." (p86). E come dice W "Oppure, se si chiama l'inizio e la fine della frase l'inizio e la fine del pensiero, allora non è chiaro se si dovrebbe dire dell'esperienza di pensare che è uniforme durante questo periodo o se si tratta di un processo come parlare la frase stessa" (RPP2p237).

Ancora una volta: "Gli individui tengono conto di ciò che pensava avesse la stessa grammatica del suo racconto di ciò che intendeva e di ciò che intendeva. Quello che ci interessa è il racconto del passato che è incline a dare e l'assunto che sarà in grado di dare un resoconto fa parte di ciò che è coinvolto nel vederla come cosciente" (p 91). Cioè, tutti questi verbi di disposizione fanno parte della nostra coscienza S2 consapevole e volontaria.

In "The Complexity of the Inner", nota che è ironico che il nostro modo migliore per comunicare l'Inner sia quello di riferirsi all'Esterno, ma direi che è naturale e inevitabile. Dal momento che non c'è un linguaggio privato e nessuna telepatia, possiamo solo contrarre i muscoli e di gran lunga la comunicazione più efficiente e profonda è contraendo i muscoli orali (discorso). Come W ha commentato in diversi contesti, è nelle opere teatrali (o ora in TV e film) che vediamo il linguaggio (pensiero) nella sua forma più pura.

Disposizioni come l'intenzione continuano fino a quando non le cambiamo o non le dimentichiamo e quindi mancano di una durata precisa così come i livelli di intensità e il contenuto è una decisione e quindi non è uno stato mentale preciso, quindi in tutti questi aspetti sono molto diversi dalle percezioni di S1, ricordi e risposte riflessive come le emozioni S1.

La differenza tra S1 e S2 (come ho detto- questa non era una terminologia disponibile per J o W) si vede anche nell'asimmetria dei verbi di disposizione, con l'uso in prima persona di 'Credo' ecc., essendo (nel caso normale di pronuncia sincera) frasi vere e proprie contro la terza persona usano 'crede' ecc., essendo vero o falso espressione basata su prove. Non si può dire "Credo che piova e non lo è" ma altri tempi come "Credevo che piovesse e non lo era" o la terza persona "Crede che stia piovendo e non lo è" ok. Come dice J: "La questione generale al centro del problema qui è se l'individuo può osservare le proprie disposizioni... La chiave per chiarire questo paradosso è notare che la descrizione degli individui del proprio stato d'animo è anche indirettamente la descrizione di uno stato di cose... In altre parole, qualcuno che dice di credere che P è quindi impegnata ad affermare P stessa... La ragione per cui l'individuo non può osservare la sua convinzione è che adottando una posizione neutrale o valutaria nei suoi confronti, la mina. Qualcuno che ha detto "Credo che stia piovendo ma non lo è" minerebbe così la sua affermazione. Come osserva W, non ci può essere alcun equivalente in prima persona dell'uso del verbo in terza persona per lo stesso motivo per cui un verbo che significa credere falsamente mancherebbe una prima persona presente indicativa... le due proposizioni non sono indipendenti, perché 'l'affermazione che questo sta succedendo dentro di me afferma: questo sta succedendo al di fuori di me' (RPP1 p490)" (p154-56). Anche se non commentato da W o J, il fatto che i bambini non commettono mai errori come "Voglio la caramella, ma non credo di volerlo" ecc., dimostra che tali costruzioni sono costruite nella nostra grammatica (nei nostri geni) e non componenti aggiuntivi culturali.

Poi guarda questo da un altro punto di vista citando W "Quale sarebbe il motivo per trarre conclusioni dalle mie parole al mio comportamento, quando in ogni caso so cosa credo? E qual è la manifestazione della mia conoscenza in cui credo? Non si manifesta proprio in questo che non deduco il mio comportamento dalle mie parole? Questo è il fatto.

(RPP1 p744). Un altro modo per dire questo è che S1 è la base assiomatica vera per la cognizione, e come substrato non proposizionale per determinare la verità e la falsità, non può essere giudicato in modo intelligibilmente.

Conclude il capitolo con importanti commenti sulla variabilità all'interno dell'LG (all'interno della nostra psicologia) e suggerisco che sia letto attentamente.

Johnston continua la discussione in "The Inner/Outer Picture" gran parte della quale è riassunta nella sua citazione da W. "L'interno è nascosto da noi significa che è nascosto da noi in un certo senso che non è nascosto da lui. E non è nascosto al proprietario nel senso che egli dà espressione ad esso, e noi, a certe condizioni, crediamo la sua espressione elì, l'errore non ha posto. E questa asimmetria nel gioco si esprime nella frase che l'Inner è nascosto agli altri." (LWPP2 p36). J continua: "Il problema non è che l'interno sia nascosto, ma che il gioco linguistico che coinvolge è molto diverso da quelli in cui normalmente parliamo di conoscenza". E poi entra in uno dei temi principali di W per tutta la sua vita: la differenza tra l'uomo e la macchina. "Ma con un essere umano l'ipotesi è che sia impossibile ottenere una visione del meccanismo. Così,, l'indeterminatezza è postulata... Credo che l'imprevedibilità debba essere una caratteristica essenziale dell'Interno. Come lo è anche l'infinita diversità di espressioni." (RPP2 p645 e LWPP2 p65). Ancora una volta, W sonda la differenza tra animali e computer.

J osserva che le incertezze nel nostro LG non sono difetti, ma fondamentali per la nostra umanità. Ancora una volta W: "[Ciò che conta è] non che le prove rendano la sensazione (e quindi l'Inner) semplicemente probabile, ma che trattiamo questa come prova per qualcosa di importante, che basiamo un giudizio su questo tipo di prove, e in modo che tali prove abbiano una particolare importanza nella nostra vita e siano rese prominente da un concetto". (p554).

J vede tre aspetti di questa incertezza come la mancanza di criteri fissi o fini sfumature di significato, l'assenza di rigida determinazione delle conseguenze degli stati interiori e la mancanza di relazioni fisse tra i nostri concetti ed esperienze. W: "Non si può dire quali siano le conseguenze osservabili essenziali di uno stato interiore. Quando, per esempio, è davvero contento, cosa ci si può aspettare da lui e cosa no? Ci sono ovviamente tali conseguenze caratteristiche, ma non possono essere descritte allo stesso modo delle reazioni che caratterizzano lo stato di un oggetto fisico." (LWPP2 p90). J "Qui il suo stato interiore non è qualcosa che non possiamo sapere perché non possiamo penetrare il velo dell'Esterno. Piuttosto non c'è nulla di determinato da sapere. (p195).

Nel suo ultimocapitolo, egli osserva che i nostri LG non sono suscettibili di cambiare indipendentemente dal progresso scientifico. "Anche se è concepibile che lo studio dell'attività cerebrale possa rivelarsi un predittore più affidabile del comportamento umano, il tipo di comprensione dell'azione umana che ha dato non sarebbe lo stesso di quello coinvolto nel gioco del linguaggio sulle intenzioni. Qualunque fosse il valore della scoperta dello scienziato, non si potrebbe dire che abbia rivelatoquali intenzioni sono realmente." (p213).

Questa indeterminatezza porta alla nozione che la correlazione degli stati cerebrali con disposizioni sembra improbabile. "La difficoltà qui è che la nozione di un pensiero è un concetto altamente artificiale. Quanti pensieri ci sono nel Trattoto? E quando l'idea di base per esso ha colpito W, era che un pensiero o un'eruzione cutanea di loro? La nozione di intenzioni crea problemi simili... Queste dichiarazioni successive possono essere tutte viste come amplificazioni o spiegazioni del pensiero originale, ma come possiamo supporre che questo si riferisce allo stato del cervello? Dobbiamo immaginare che anche questo conterrà la risposta a ogni possibile domanda sul pensiero? .. dovremmo permettere che due pensieri significativamente diversi siano correlati allo stesso stato cerebrale... le parole possono in un certo senso essere intercambiabili e in un altro senso no. Questo crea problemi per il tentativo di correlare gli stati del cervello e pensieri... due pensieri possono essere gli stessi in un certo senso e diversi in un altro... Così la nozione di un pensiero è fragile e artificiale e per questo motivo è difficile capire che senso potrebbe avere parlare di una correlazione uno a uno con gli stati cerebrali." (p218-219). Cioè, lo stesso pensiero (COS) "sta piovendo" esprime un numero infinito di stati cerebrali in una o molte persone. Allo stessomodo, lo stato cerebrale 'stesso' potrebbe esprimere pensieri diversi (COS) in contesti diversi.

Allo stesso modo, W nega che la memoria sia costituita da tracce nel sistema nervoso. "Qui la traccia postulata è come l'orologio interno, perché non deduciamo più quello che è successo da una traccia che consultiamo un orologio interno per indovinare l'ora." Poi nota un esempio da W (RPP1 p908) di un uomo che sputa segni mentre legge e che non può ripetere il testo senza i segni, ma non si riferiscono al testo secondo le regole ... "Il testo non sarebbe stato memorizzato negli scommettimenti. E perché dovrebbe essere conservato nel nostro sistema nervoso?" e anche "... nulla mi sembra più plausibile di quello che la gente un giorno arriverà all'opinione definitiva che non c'è copia né nel fisiologico né nel sistema nervoso che corrisponde a un pensiero particolare o a una particolare idea di memoria" (LWPP1 p504). Ciò implica che ci possono essere regolarità psicologiche a cui non corrispondono regolarità fisiologiche; e come W provocatoriamente aggiunge 'Se questo sconvolge i nostri concetti di causalità, allora è giunto il momento che siano sconvolti.'" (RPP1 p905) ...'Perché gli stati iniziali e terminali di un sistema non dovrebbero essere collegati da una legge naturale che non copre lo Stato intermediario? (RPP1 p909) ... [È molto probabile che] non ci sia alcun processo nel cervello correlato con l'associazione o con il pensiero, in modo che sarebbe impossibile leggere i processi di pensiero dai processi cerebrali... Perché questo ordine, per così dire, non dovrebbe uscire dal caos? ... per così dire, senza motivo; e non c'è ragione per cui questo non dovrebbe davvero tenere per i nostri pensieri, e quindi per il nostro parlare e scrivere. (RPP1 p903)... Ma deve esserci una spiegazione fisiologica qui? Perché non lasciamo stare a spiegare da soli? -ma non parleresti mai così se stessi esaminando il comportamento di una macchina! – Beh, chi dice che una creatura vivente, un corpo animale, è una macchina in questo senso?'" (RPPI p918) (p 220- 21).

Naturalmente, si può prendere questi commenti variamente, ma un modo è che W anticipa l'ascesa della teoria del caos, mente incarnata e auto-organizzazionein biologia. Poiché l'incertezza, il caos e l'imprevedibilità sono ormai dottrina standard, dalla scala subatomica a quella molecolare, e nelle dinamiche planetarie (tempo, ecc.) e alla cosmologia, perché il cervello dovrebbe essere un'eccezione? Gli unici commenti dettagliati su queste osservazioni che ho visto sono in un recente articolo di Daniele Moyal-Sharrock (DMS).

È abbastanza sorprendente che, sebbene le osservazioni di W siano fondamentali per tutti gli studi del comportamento: linguistica, filosofia, psicologia, storia, antropologia, politica, sociologia e arte, non è nemmeno menzionato nella maggior parte dei libri e degli articoli, con anche le eccezioni che hanno poco da dire, e la maggior parte di ciò distorto o piatto sbagliato. C'è una raffica di interesse recente, almeno nella filosofia, e forse questa situazione assurda cambierà, ma probabilmente non molto.

La discussione della differenza logica (psicologica) tra le cause S1 e le ragioni S2 nel Capitolo 7 del recente libro di Hacker 'Human Nature' (2011), in particolare p226-32, è fondamentale per qualsiasi studente di comportamento. È un'illusione quasi universale che "causa" è un termine preciso logicamente esatto mentre "ragione" non è, ma W esposto questo molte volte. Naturalmente, lo stesso problema sorge con tutti i concetti scientifici e matematicis. E, naturalmente, bisogna tenere costantemente a mente che 'azione', 'condizione', 'soddisfazione', 'intenzione', e anche 'e', 'o', 'prior', 'true' ecc. sono tutti giochi linguistici complessi in grado di inciamparci come W così splendidamente descritto in BBB nei primi anni '30.

Searle ha fatto molte osservazioni interessanti in uno dei suoi più recenti libri 'Pensare al mondo reale' (TARW)(2013), e mi sembra di aver scritto l'unica recensione, quindi ne parlerò in dettaglio qui.

Su p21 di TARW ci imbattiamo ancora in quello che considero il difetto più evidente nel lavoro di S e che avrebbe dovuto essere essuate molto tempo fa se avesse solo letto più attentamente la W successiva e i suoi commentatori. Egli si riferisce al libero arbitrio come un "presupposto" a cui potremmo dover rinunciare! È chiaro da W che volontà, sé, mondo, e tutti i fenomeni della nostra vita sono la base per giudicare - il fondamento assiomatico del nostro comportamento e non c'è alcuna possibilità di giudicarli. Possiamo "presumere" che abbiamo due mani o vivere sulla superficie della terra o che Madonna sia una cantante ecc.? Forse questo enorme errore è collegato con la sua miscelazione di vero solo S1 e proposizionale S2 che ho notato. Incredibile che egli può ottenere quasi tutto il resto giusto e inciampare su questo!

Il p22 e altrove usa la nozione di intenzionalità inconscia, che ha discusso per la prima volta nel suo articolo del 1991 in Phil. Issues, notando che questi sono i tipi di cose che potrebbero diventare coscienti (ad esempio, i sogni). W è stato penso che il primo a commentare su questo notando che se non si può parlare di pensieri inconsci non si può parlare di quelli coscienti sia (BBB). Qui e durante tutto il suo lavoro è unfortun mangiato che non usa i concettiS1 /S2 in quanto rende molto più facile mantenere le cose dritte e trova ancora necessario indulgere in gergo molto non-Wittgensteinian. Ad esempio, "Una volta che hai elementi sintattici manipolabili, puoi staccare l'intenzionalità dalle sue cause immediate sotto forma di percezioni e ricordi, in modo che non sia possibile fare distaccamenti di elementi rappresentativi non sintatticamente strutturati". (p31) dice solo che con il linguaggio è venuta l'intenzionalità disposizionale di S2, dove il pensiero cosciente e la ragione (cioè potenziali azioni pubbliche esprimibili nel linguaggio) è diventato possibile.

Per quanto riguarda le ragioni e desideri (p39) vedere altrove qui e le mie recensioni delle sue altre opere.

Il continuo riferimento di S alle disposizioni come stati mentali, e la sua reference agli stati mentali come rappresentazioni (in realtà 'presentazioni' qui) con COS, è (a mio parere) controproducente. Su p25 per esempio, sembra che voglia dire che la mela che vediamo è il COS della RSI – (Causally Self Reflexive--cioè, causa è costruito in) percezione della mela e il graffio inconscio riflessivo di un prurito ha lo stesso status (cioè, un COS) come il movimento deliberato del braccio. Così, gli stati mentali di S1 devono essere inclusi con le azioni di S2 come COS. Anche se accetto la maggior parte dell'ontologia e dell'epistemologia di S non vedo il vantaggio di questo, ma ho il massimo rispetto per lui, quindi ci lavorerò. Ho notato la sua tendenza (normale per gli altri, ma un difetto in Searle) di mescolare S1 e S2 che fa su p29 dove sembra riferirsi a credenze come stati mentali. Mi sembra abbastanza semplice e chiaro dal BBB di W negli anni '30 che S2 non sono stati mentali in qualcosa di simile al senso di S1. Abbiamo sempre bisogno di tenere chiara la differenza tra i giochi linguistici di S1 e S2 e quindi se insiste nell'usare il gioco di fede in riferimento a S1, allora è molto più chiaro se ci riferiamo a B1 e B2 dove B2 è la parola "credenza" come usato in riferimento agli atti linguistici pubblici del Sistema 2.

Il paragrafo che inizia "Because" su p25 sta discutendo i veri percetti inconsci, ricordi e atti riflessivi di S1, cioè le nostre funzioni automatiche assiomatiche della nostra psicologia evoluta (EP). Come notato, si può leggere il libro di Hutto and Myin 'Radicalizing Enactivism: Basic Minds Without Content' (2012) e il loro sequel per un resoconto recente molto diverso della natura non rappresentativa o avattiva di S1.

La tabella di intenzionalità su p26 aggiornamenti uno che ha usato per decenni e che ho usato come base per la mia tabella estesa sopra.

Quasi mezzo secolo fa S ha scritto "Come derivare dovrebbe da è" che è stato un progresso rivoluzionario nella nostra comprensione del comportamento (anche se meno se si capiva W). Ha continuato a sviluppare la descrizione naturalistica del comportamento e su p39 mostra come l'etica si origina nel nostro comportamento e nel nostro linguaggio sociale innato. Un concetto di base è il Desire Independent Reasons for Action (DIRA), che è spiegato nei suoi vari libri. Per un contorno vedere le mie recensioni del suo MSW e altre opere. Tende ad usare le ragioni approssimative di S2 (cioè psicologia e cultura disposizionale) per inquadrare la sua analisi, ma come con tutti i comportamenti lo considero superficiale a meno che non includa le cause finali in S1 e così rompo la sua DIRA in DIRA1 e DIRA2. Ciò consente la descrizione in termini di meccanismi inconsci di altruismo reciproco e idoneità inclusiva. Così, vorrei ribadire l'ultima frase su p39 "... le persone sono invitate a prevalere sulle loro inclinazioni naturali facendo prevalere considerazioni etiche" come "... le persone sono obbligate a prevalere sui loro benefici personali immediati per garantire benefici genetici a lungo termine attraverso altruismo reciproco e fitness inclusivo."

L'ignarietà di S (che condivide con la maggior parte dei filosofi) alframework moderno di due sistemi e alle implicazioni complete dell'epistemologia "radicale" di W, come dichiarato più drammaticamente nel suo ultimo lavoro 'On Certainty', è più sfortunato (come ho notato in molte recensioni). E 'stato W che ha fatto il primo e migliore lavoro di descrivere i due sistemi (anche se nessun altro ha notato) e OC rappresenta un evento importante nella storia intellettuale. Non solo S non è a conoscenza del fatto che il suo quadro è una semplice continuazione di W, ma lo è anche tutti gli altri, il che spiega la mancanza di qualsiasi riferimento significativo a W in questo libro. Come al solito si nota anche nessuna apparente conoscenza con l'EP, che può illuminare tutte le discussioni sul comportamento fornendo le vere spiegazioni evolutive e biologiche finali piuttosto che quelle culturali superficiali e prossime.

Così,, la discussione di S sui due modi per descrivere le sensazioni ('esperienze') su p202 è a mio avviso molto più chiara se ci si rende conto che vedere il rosso o sentire il dolore è automatico s'è solo vero, ma non appena ci occupiamo di esso consapevolmente (ca. 500 msec o più) diventa 'vedere come' e una funzione S2 proposizionale (vero o falso) che può essere espressa pubblicamente nel linguaggio (e altre contrazioni muscolari corporee pure). Così, l'esperienza S1 che è identica al rosso o il dolore contro il dolore s2 'esperienza' di rosso o dolore, una volta che iniziamo a riflettere su di esso, normalmente si fondono insieme in un'unica 'esperienza'. Per me di gran lunga il posto migliore per ottenere una comprensione di questi problemi è sfino negli scritti di W apartire con il BBB e termina con OC. Nessun altro ha mai descritto le sottigliezze dei giochi di lingua con tale chiarezza. Bisogna tenere costantemente a mente la vaghezza e i significati multipli di 'errore', 'vero', 'esperienza', 'capire', 'sapere', 'vedere', 'stesso' ecc., ma solo W è stato in grado di farlo, anche Inciampa frequentemente. E non è una questione banale, a meno che non si possa chiaramente riformulare tutti i p202 che separano il vero S1 non giudicabile dal proposizionale S2, allora nulla sul comportamento può essere detto senza confusione. E naturalmente, molto spesso (cioè, normalmente) le parole vengono usate senza un significato chiaro, bisogna specificare come 'vero' o 'segue da' o 'vedere' deve essere utilizzato in questo contesto e W è l'unico che conosco che ottiene costantemente questo diritto.

Ancora una volta, su p203-206, la discussione di smaltimento causale automatico intrinsecamente intenzionaleha senso solo per me perché la considero solo un altro modo per descrivere gli stati S1, che forniscono la materia prima per la disposizione S2 consapevole che, da un punto di vista biologico evolutivo (e quale altro può esserci?) deve essere il caso. Così, il suo commento su p212 è giusto sul denaro - la spiegazione finale (o come W insiste la descrizione) non può che essere una naturalezza che descrive come la mente, la volontà, l'auto e l'intenzione funzionano e non possono eliminarli in modo significativo come fenomeni "reali". Ricorda la famosa recensione di S di 'Consciousness Explained' di Dennett dal titolo "Consapevolezza spiegata". E questo rende ancora più bizzarro che S dovrebbe più volte affermare che non sappiamo con certezza se abbiamo il libero arbitrio e che dobbiamo 'postulare' un sé (p218-219).

Inoltre,, ancora una volta penso che S sia sulla strada sbagliata (p214) quando suggerisce che le confusioni sono dovute a errori storici nella filosofia come il dualismo, l'idealismo, il materialismo, l'epifenomenolismo ecc., piuttosto che in una suscettibilità universale alle impostazioni predefinite della nostra psicologia - 'L'Illusione Fenomenologica' (TPI) come l'ha definita, e il linguaggio di contrazione come descritto da W. Come osserva, "I processi neurobiologici e i fenomeni mentali sono lo stesso evento, descritto a diversi livelli" e "Come possono le intenzioni coscienti causare movimento corporeo? ... Come può il martello muovere l'unghia in virtù di essere solido? ... Se si analizza ciò che la solidità è causalmente... se si analizza ciò che intention-in-action è causalmente, si vede analogamente non c'è nessun problema filosofico lasciato."

Vorrei tradurre il suo commento (p220) "Un oratore può utilizzare un'espressione per fare riferimento solo se nell'espressione delle espressioni di riferimento l'oratore introduce una condizione che l'oggetto di cui si fa riferimento soddisfa; e il riferimento si ottiene in virtù della soddisfazione di tale condizione." come "Significato si ottiene affermando una condizione pubblicamente verificabile di soddisfazione (condizione della verità)". "Penso che piova" è vero se piove e falso altrimenti. Inoltre,, vorrei dire "Il cuore della mia argomentazione è che le nostre pratiche linguistiche, come comunemente inteso, presuppongono una realtà che esiste indipendentemente dalle nostre rappresentazioni". (p223) come "La nostra vita mostra un mondo che non dipende dalla nostra esistenza e non può essere intelligibilmente sfidato".

Tempo per qualche altra citazione e una discussione del suo recente libro di ristampe 'Filosofia in un nuovo secolo' (2008) e come altrove ripeterò alcuni commenti per metterli in un contesto diverso.

"Un processo macchina potrebbe causare un processo di pensiero? La risposta è: sì. Infatti, solo un processo macchina può causare un processo di pensiero e 'calcolo' non denomina un processo macchina; denomina un processo che può essere, e in genere è, implementato su una macchina." Searle PNC p73

"... la caratterizzazione di un processo come computazionale è una caratterizzazione di un sistema fisico dall'esterno; e l'identificazione del processo come computazionale non identifica una caratteristica intrinseca della fisica, è essenzialmente una caratterizzazione relativa dell'osservatore." Searle PNC p95

"L'argomento della stanza cinese ha dimostrato che la semantica non è intrinseca alla sintassi. Ora sto facendo il punto separato e diverso che la sintassi non è intrinseca alla fisica." Searle PNC p94

"Il tentativo di eliminare l'homunculus fallacy attraverso la decomposizione ricorsiva fallisce fallisce fallisce, perché l'unico modo per ottenere la sintassi intrinseca alla fisica è quello di mettere un homunculus in fisica." Searle PNC p97

"Ma non si può spiegare un sistema fisico come una macchina da scrivere o un cervello identificando un modello che condivide con la sua simulazione computazionale, perché l'esistenza del modello non spiega come il sistema funziona effettivamente come sistema fisico. ... In sintesi, il fatto che l'attribuzione della sintassi non identifichi ulteriori poteri causali è fatale per l'affermazione che i programmi forniscono spiegazioni causali di cognizione... C'è solo un meccanismo fisico, il cervello, con i suoi vari livelli di descrizione reali fisici e fisici/mentali." Searle PNC p101-103

"In breve, il senso di "elaborazione delle informazioni" che viene utilizzato nella scienza cognitiva è a un livello troppo alto di astrazione per catturare la realtà biologica concreta dell'intenzionalità intrinseca... Siamo accecati da questa differenza dal fatto che la stessa frase 'Vedo una macchina venire verso di me', può essere utilizzato per registrare sia l'intenzionalità visiva che l'output del modello computazionale della visione... nel senso di 'informazione' utilizzata nella scienza cognitiva, è semplicemente falso dire che il cervello è un dispositivo di elaborazione delle informazioni." Searle PNC p104-105

"Ci possono essere ragioni di azione che sono vincolanti per un agente razionale proprio in virtù della natura del fatto riportato nella dichiarazione del motivo, e indipendentemente dai desideri, dai valori, dagli atteggiamenti e dalle valutazioni dell'agente?   ... Il vero paradosso della discussione tradizionale è che cerca di porre la ghigliottina di Hume, la rigida distinzione fatto-valore, in un vocabolario, il cui uso presuppone già la falsità della distinzione". Searle PNC p165-171

"... tutte le funzioni di status e quindi tutta la realtà istituzionale, ad eccezione del linguaggio, sono create da atti vocali che hanno la forma logica delle Dichiarazioni... le forme della funzione di status in questione sono quasi invariabilmente di poteri deontici... riconoscere qualcosa come un diritto, un dovere, un obbligo, un requisito e così via è riconoscere un motivo di azione... queste strutture deontiche rendono possibili ragioni indipendenti dal desiderio per l'azione... Il punto generale è molto chiaro: la creazione del campo generale delle ragioni d'azione basate sul desiderio presupponeva l'accettazione di un sistema di motivi d'azione indipendenti dal desiderio". Searle PNC p34-49

"Alcune delle caratteristiche logiche più importanti dell'intenzionalità sono al di là della portata della fenomenologia perché non hanno una realtà fenomenologica immediata... Perché la creazione di significato per inutilità non è vissuta consapevolmente... non esiste... Questo è... l'illusione fenomenologica. Searle PNC p115-117

"La coscienza è causalmente riducibile ai processi cerebrali... e la coscienza non ha poteri causali propri oltre ai poteri causali della neurobiologia sottostante... Ma la riducibilità causale non porta alla riducibilità ontologica... la coscienza esiste solo come esperto... e quindi non può essere ridotto a qualcosa che ha un'ontologia in terza persona, qualcosa che esiste indipendentemente dalle esperienze." Searle PNC 155-6

"... la relazione intenzionale di base tra la mente e il mondo ha a che fare con condizioni di soddisfazione. E una proposta è qualsiasi cosa che possa essere in una relazione intenzionale con il mondo, e poiché queste relazioni intenzionali determinano sempre condizioni di soddisfazione, e una proposizione è definita come qualsiasi cosa sufficiente a determinare le condizioni di soddisfazione, si scopre che ogni intenzionalità è una questione di proposizioni." Searle PNC p193

Anche se S non dice e sembra essere in gran parte inconsapevole, la maggior parte del suo lavoro segue direttamente da quello di W, anche se spesso lo critica. Dire che Searle ha portato avanti il lavoro di W non vuol dire che si tratta di un risultato diretto dello studio W, ma piuttosto che perché c'è solo una psicologia umana (per lo stesso motivo c'è solo una cardiologia umana), che chiunque descriva accuratamente il comportamento deve essere voicing qualche variante o estensione di ciò che W ha detto (come devono se entrambi stanno dando descrizioni corrette del comportamento). Trovo la maggior parte di S prefigurato in W, comprese le versioni del famoso argomento sala cinese contro Forte IA e le questioni correlate che sono i soggetti di Chaps 3-5. Per inciso, se la camera cinese ti interessa allora si dovrebbe leggere eccellente Victor Rodych, ma praticamente sconosciuto, supplemento sul CR--"Searle Freed di ogni difetto". Rodych ha anche scritto una serie di superbi articoli sulla filosofia della matematica di W - cioè l'EP (Psicologia Evolutiva) dell'abilità assiomatica del Sistema 1 di contare fino a 3, come esteso nell'infinito System 2 SLG (Secondary Language Games) di matematica.

Le intuizioni di W nella psicologia della matematica forniscono un eccellente ingresso nell'intenzionalità. Noterò anche che nessuno che promuove l'IA forte, le versioni multifariose del comportamentismo, del funzionalismo informatico, del CTM (Teoria computazionale della mente) e della teoria dei sistemi dinamici (DST), sembra essere consapevole che il Tractatus di W può essere visto come la dichiarazione più sorprendente e potente del loro punto di vista mai scritto (cioè, il comportamento (pensare) come l'elaborazione logica dei fatti, cioè l'elaborazione delle informazioni. Naturalmente, più tardi (ma prima che il computer digitale era un bagliore nell'occhio di Turing) W descritto in dettaglio perché queste erano descrizioni incoerenti della mente (pensiero, comportamento) che deve essere sostituito da psicologia (o si può dire che questo è tutto quello che ha fatto per il resto della sua vita). S tuttavia fa poco riferimento alla prescennte dichiarazione d'animo di W come meccanismo, e la sua distruzione nel suo lavoro successivo.

Dal momento che W, S è diventato il principale decostruttore di queste visioni meccaniche del comportamento, e forse il più importante psicologo descrittivo (filosofo), ma non si rende conto di come W lo abbia anticipato completamente né, in generale, fare altri (ma vedere i molti articoli e libri di Proudfoot e Copeland su W, Turing e AI). Il lavoro di S è molto più facile da seguire di quello di W, e anche se c'è qualche gergo, è per lo più spettacolare chiaro se ti avvicini dalla giusta direzione. Per ulteriori dettagli, consulta i miei articoli.

Come W, Searle è considerato il miglior filosofo del suo tempo e il suo lavoro scritto è solido come una roccia e innovativo in tutto. Tuttavia, la sua incapacità di prendere la Successiva W abbastanza sul serio porta ad alcuni errori e confusioni. Su p7 di PNC osserva due volte che la nostra certezza sui fatti di base è dovuta al peso schiacciante della ragione sostenendo le nostre affermazioni, ma come Coliva, DMS et al hanno notato, W ha dimostrato definitivamente in 'On Certainty' che non vi è alcuna possibilità di dubitare della vera struttura assiomatica delle nostre percezioni, ricordi e pensieri del Sistema 1, poiché è la base del giudizio e non può essere giudicata. Nella prima frase su p8 ci dice che la certezza è revisionabile, ma questo tipo di 'certezza', che potremmo chiamare Certezza2, è il risultato dell'estensione della nostra certezza assiomatica e non revisionabile (Certainty1) attraverso l'esperienza ed è completamente diversa in quanto proposizionale (vera o falsa). Questo è ovviamente un classico esempio della "battaglia contro l'intrattenere della nostra intelligenza per linguaggio" che W ha dimostrato più e più volte. Una parola... due (o molti) usi distinti.

Su p10 ha castiga W per la sua antipatia alla teorizzazione, ma come ho notato sopra, 'teorizzare' è un altro gioco di linguaggio (LG) e c'è un vasto abisso tra una descrizione generale del comportamento con pochi esempi ben elaborati e uno che emerge da un gran numero di tali che non è soggetto a molti controesempi. L'evoluzione nei suoi primi giorni era una teoria con esempi chiari limitati, ma ben presto divenne solo una sintesi di un vasto corpo di esempi e una teoria in un senso del tutto diverso. Allo stesso modo, con una teoria si potrebbe fare come riassunto di mille pagine di esempi di W e uno risultante da dieci pagine.

Ancora una volta, su p12, la "coscienza" è il risultato di un funzionamento automatizzato del Sistema 1 che è "soggettivo" in diversi sensi, e non, nel caso normale, una questione di prova, ma una vera comprensione solo nel nostro caso e una vera percezione solo nel caso degli altri.

Mentre leggevo p13 ho pensato: "Posso sentirmi straziante e andare avanti come se nulla fosse sbagliato?" No! - questo non sarebbe 'dolore' nello stesso senso. "L'esperienza interiore ha bisogno di criteri esterni" (W) e Searle sembra mancare questo. Vedere W o Johnston.

Mentre leggevo le prossime pagine ho sentito che W ha una comprensione molto migliore della connessione mente/ lingua, come egli li considera sinonimi in molti contesti, e il suo lavoro è una brillante esposizione della mente come esemplificato in numerosi esempi perspicui di uso del linguaggio. Come citato in precedenza, "Ora, se non sono le connessioni causali di cui ci occupiamo, allora le attività della mente si sono aperte davanti a noi". E, come spiegato sopra, sento le domande con cui S termina sezione 3 sono in gran parte risposto considerando OC di W dal punto di vista dei due sistemi. Allo stesso modo, per la sezione 6 sulla filosofia della scienza. Rodych ha fatto un articolo su Popper vs W che ho pensato superba al momento, ma dovrò rileggerlo per assicurarsi.

Infine, su p25, si può negare che qualsiasi revisione dei nostri concetti (giochi linguistici) di causalità o di libero arbitrio sono necessarie o addirittura possibili. Si può leggere quasi qualsiasi pagina di W e gran parte di DMS, Coliva, Hacker ecc per i motivi. Una cosa è dire cose bizzarre sul mondo usando esempi tratti dalla meccanica quantistica, dall'incertezza ecc., ma un'altra è dire qualcosa di rilevante per il nostro normale uso delle parole.

Su p31, 36 ecc., incontriamo ancora una volta i problemi incessanti (nella filosofia e nella vita) di parole identiche che sorvolano sulle enormi differenze in LG di 'credenza', 'vedere' ecc., come applicato a S1, che è composto di stati mentali solo nel presente, e S2 che non lo è. Il resto del capitolo riassume il suo lavoro sul 'colla sociale' che, da un EP, Wittgensteinian, sono le azioni veloci automatiche di S1 producendo le lenti disposizioni di S2 che sono inesorabilmente e universalmente ampliate durante lo sviluppo personale in una vasta gamma di relazioni deontiche inconsce automatiche con gli altri, e arbitrariamente in variazioni culturali su di loro.

I capitoli da 3 a 5 contengono le sue ben note argomentazioni contro la visione meccanica della mente che mi sembra definitiva. Ho letto interi libri di risposte a loro e sono d'accordo con S che tutti mancano i punti logici (psicologici) molto semplici che fa (e che, in generale, W fatto mezzo secolo prima che ci fossero i computer). Per dirla nei miei termini, S1 è composto da inconscio, veloce, fisico, causale, automatico, non proposizionale, vero e proprio stato mentale, mentre lento S2 può essere descritto solo in modo coerente in termini di ragioni per azioni che sono disposizioni più o meno coscienti al comportamento (azioni potenziali) che sono o possono diventare proposizionali (T o F). I computer e il resto della natura hanno derivato (attribuito) intenzionalità solo che dipende dalla nostra prospettiva, mentre gli animali superiori hanno l'intenzionalità primaria che è indipendente dalla prospettiva. Come S e W apprezzano, la grande ironia è che queste riduzioni materialistiche o meccaniche della psicologia si mascherano come cutting-edge science, ma in realtà sono assolutamente anti-scientifiche. Filosofia (psicologia descrittiva) e psicologia cognitiva (liberata dalla superstizione) stanno diventando di pari passo e sono Hofstadter, Dennett, Carruthers, Kurzweil ecc., che sono lasciati fuori al freddo.

Pagina 62 riassume bene uno dei suoi argomenti, ma p63 dimostra che non ha ancora del tutto lasciato andare la lista bianca mentre cerca di spiegare le tendenze nella società in termini di estensioni culturali di S2. Come fa in molti altri luoghi nei suoi scritti, dà ragioni culturali, storiche per il comportamento, ma mi sembra abbastanza ovvio (come lo è stato a W) che la visione meccanica della mente esiste per lo stesso motivo di quasi tutti i comportamenti, è il funzionamento predefinito del nostro EP che cerca spiegazioni in termini di ciò che possiamo deliberatamente pensare attraverso lentamente, piuttosto che nell'automatizzato S1, di cui rimaniamo per lo più ignari. Come notato sopra, Searle ha descritto questo come TPI. Ancora una volta, su p65 trovo la descrizione di W della nostra psicologia ereditaria assiomatica e delle sue estensioni nel suo OC e in altre opere per essere più profonde di S (o di chiunque), e quindi NON siamo 'fiduciosi' che i cani siano coscienti, ma piuttosto non è aperto al dubbio. Vedere la sezione precedente di questo articolo sulla gestione di OC e DMS.

Il capitolo 5 demolisce bene il CTM, il LOT ecc., rilevando che 'computation', 'information','syntax', 'algorithm', 'logic', 'program', ecc., sono termini relativi all'osservatore (cioè psicologici) e non hanno alcun significato fisico o matematico (COS) in questo senso psicologico, ma naturalmente ci sono altri sensi che sono stati dati di recente come la scienza si è sviluppata. Anche in questo caso, le persone sono stregate dall'uso della stessa parola nell'ignorare quella grande differenza nel suo uso (significato). Questi commenti sono tutte estensioni del classico Wittgenstein e a questo proposito,, consiglio anche i documenti di Hutto e Read.

Capitolo 6 "L'illusione fenomenologica" (TPI) è di gran lunga il mio preferito, e, pur demolendo quel campo, mostra sia le sue capacità logiche supreme e la sua incapacità di cogliere la piena potenza sia della W successiva, sia il grande valore euriistico della recente ricerca psicologica sui due sé. È chiaro come cristallo che TPI è dovuto all'ignarità degli automatismi di S1 e a prendere il lento pensiero cosciente di S2 come non solo primario ma come tutto ciò che c'è. Questa è la classica cecità Blank Slate. E 'chiaro che W ha mostrato questo circa 60 anni prima e ha anche dato la ragione per esso nel primato della vera rete assiomatica automatica inconscia del nostro sistema innato 1. Come tanti altri, Searle balla tutt'intorno, ma non ci arriva mai abbastanza. Molto approssimativamente, per quanto riguarda le caratteristiche "indipendenti dall'osservatore" del mondo come S1 e le caratteristiche "dipendenti dall'osservatore" come S2 dovrebbe rivelarsi molto rivelatrice. Come osserva S, Heidegger e gli altri hanno l'ontologia esattamente all'indietro, ma naturalmente lo fanno quasi tutti a causa delle impostazioni predefinite del loro EP.

Ma la cosa veramente importante è che S non faccia il passo successivo per rendersi conto che il TPI non è solo un fallimento di pochi filosofi, ma una cecità universale al nostro EP che è a sua volta integrata nell'EP. In realtà lo afferma in quasi queste parole a un certo punto, ma se davvero ce l'ha fatta, come potrebbe non sottolineare le sue immense implicazioni per il mondo. Con rare eccezioni (ad esempio, i Jaina Tirthankaras che risalgono a oltre 5000 anni fa, agli inizi della civiltà dell'Indo e, più recentemente e notevolmente, Osho, Buddha, Gesù, Bodhidharma, Da Free John ecc.), siamo tutti burattini di carne che inciampano nella vita nella nostra missione geneticamente programmata per distruggere la terra. La nostra quasi totale preoccupazione per l'utilizzo della seconda personalità di autoS2 per assecondare le gratificazioni infantili di S1 sta creando Hell On Earth. Come per tutti gli organismi, si tratta solo di riproduzione e accumulo di risorse. Sì, molto rumore sul riscaldamento globale e sull'imminente collasso della civiltà industriale nel prossimo secolo, ma nulla rischia di fermarlo. S1 scrive l'opera e S2 agisce fuori. Dick e Jane vogliono solo giocare a casa, questa è la mamma e questo è papà e questo e questo e questo e questo è baby. Forse si potrebbe dire che il TPI è che siamo esseri umani e non solo un altro primate.

Capitolo 7 sulla natura del sé è buono, ma nulla mi ha davvero colpito come nuovo. Il capitolo 8 sul dualismo immobiliare è molto più interessante, anche se per lo più un rehash del suo lavoro precedente. L'ultima delle sue citazioni di apertura sopra riassume questo, e naturalmente l'insistenza sulla natura critica della prima-ontologia persona è totalmente wittgensteinian. L'unico grosso errore che vedo è il suo tipo di spiegazione in bianco o (culturale) su p 158 per gli errori del dualismo, quando a mio parere, è chiaramente un altro esempio di TPI - un errore che lui (e quasi tutti gli altri) ha fatto molte volte, e ripete su p177 ecc. , nel capitolo 9 altrimenti superbo. Il programma di geni S1 che (per lo più) tira le corde (contrae i muscoli) dei pupazzi di carne tramite S2. Fine della storia. Ancora una volta, ha bisogno di leggere i miei commenti o quelli di DMS su W OC in modo che cambia il "buon motivo per credere" in fondo a p171 e la parte superiore di p172 per "sapere" (nel senso vero-solo).

Un punto critico viene fatto di nuovo su p169. "Così, dicendo qualcosa e significato comporta due condizioni di soddisfazione. In primo luogo, la condizione di soddisfazione che l'espressione sarà prodotta, e in secondo luogo, che l'espressione stessa deve avere condizioni di soddisfazione." Un modo per considerare questo è che l'inconscio sistema automatico 1 attiva la più alta personalità cosciente corticale del sistema 2, portando a contrazioni muscolari della gola che informano gli altri che vede il mondo in certi modi, che lo commettono in potenziali azioni. Un enorme progresso rispetto alleinterazioni prelinguistiche o proto-linguistiche in cui solo i-movimenti muscolari lordi sono stati in grado di trasmettere informazioni molto limitate sulle intenzioni e S fa un punto simile nel Capitolo10. Il programma di geni S1 che (per lo più) tira le corde (contrae i muscoli) dei pupazzi di carne tramite S2. Fine della storia. Ancora una volta,, ha bisogno di leggere i miei commenti e quelli di DMS, Coliva, Andy Hamilton ecc., su W OC così cambia il "buon motivo per credere" in fondo a p171 e la parte superiore di p172 per "sa" (nel senso vero-solo).

Anche il suo ultimo capitolo "L'unità della proposizione" (precedentemente inedito) trarrebbe grande beneficio dalla lettura di "On Certainty" di W o dei vari libri e giornali di DMS, in quanto fanno chiaramente la differenza tra vere solo frasi che descrivono S1 e proposizioni vere o false che descrivono S2. Questo mi sembra un approccio di gran lunga superiore a S's prendendo le percezioni S1 come proposizionale dal momento che diventano solo T o F dopo che si inizia a pensare a loro in S2. Tuttavia, il suo punto che le proposizioni permettono dichiarazioni di verità e falsità reali o potenziali, del passato e del futuro e della fantasia, e quindi forniscono un enorme progresso rispetto alla società pre o proto-linguistica, è cogente. Come egli afferma: "Una proposta è qualsiasi cosa che può determinare una condizione di soddisfazione... e una condizione di soddisfazione... è che tale e tale è il caso. Oppure, si deve aggiungere, che potrebbe essere o potrebbe essere stato o potrebbe essere immaginato per essere il caso.

Nel complesso, PNC è una buona sintesi dei molti progressi sostanziali su Wittgenstein derivanti dal mezzo secolo di lavoro di S, ma a mio parere, W è ancora ineguagliabile una volta compreso ciò che sta dicendo. Idealmente, dovrebbero essere letti insieme: Searle per la chiara prosa coerente e generalizzazioni, illustrate con esempi perspicaci di W e brillanti aforismi. Se fossi molto più giovane scriverei un libro facendo esattamente questo.

"Quindi, le funzioni di status sono il collante che tiene unita la società. Sono creati dall'intenzionalità collettiva e funzionano portando poteri deontici... Con l'importante eccezione del linguaggio stesso, tutta la realtà istituzionale e quindi in un certo senso tutta la civiltà umana è creata da atti di parola che hanno la forma logica delle Dichiarazioni... tutta la realtà istituzionale umana è creata e mantenuta in esistenza da (rappresentazioni che hanno la stessa forma logica di) Dichiarazioni di funzione di stato, compresi i casi che non sono atti di discorso nella forma esplicita di dichiarazioni."
Searle MSWp11-13

"Le credenze, come le dichiarazioni, hanno la direzione di adattamento verso il basso o la mente (o parola)-mondo. E i desideri e le intenzioni, come gli ordini e le promesse, hanno la direzione verso l'alto o il mondo nella mente (o parola) di adattamento. Credenze o percezioni, come le dichiarazioni, dovrebbero rappresentare come le cose sono nel mondo, e in questosenso, dovrebbero adattarsi al mondo; hanno la direzione mind-to-world di adattarsi. Gli stati conativi e volizionali come i desideri, le intenzioni precedenti e le intenzioni in azione, come gli ordini e le promesse, hanno la direzione di adattamento da parte del mondo. Non dovrebbero rappresentare come stanno le cose, ma come vorremmo che fossero o come intendiamo farle essere... Oltre a queste due facoltà, c'è una terza, immaginazione, in cui il contenuto proposizionale non dovrebbe adattarsi alla realtà nel modo in cui il contenuto proposizionale della cognizione e della volontà dovrebbe adattarsi... l'impegno del mondo è abbandonato e abbiamo un contenuto proposizionale senza alcun impegno che rappresenti con entrambe le direzioni di vestibilità." Searle MSWP15

"Proprio come negli stati intenzionali possiamo fare una distinzione tra il tipo di stato ... e il contenuto dello stato... quindi nella teoria del linguaggio possiamo fare una distinzione tra il tipo di atto vocale è... e il contenuto proposizionale... abbiamo lo stesso contenuto proposizionale con modalità psicologica diversa nel caso degli stati intenzionali, e diversa forza illocutiva o tipo nel caso degli atti di parola. Inoltre, così come le mie convinzioni possono essere vere o false e quindi avere la direzione di adattamento da mente a mondo, così le mie affermazioni possono essere vere o false e quindi avere la direzione di adattamento parola-mondo. E così come i miei desideri o intenzioni non possono essere vere o false, ma possono essere in vari modi soddisfatti o insoddisfatti, così i miei ordini e le mie promesse non possono essere veri o falsi, ma possono essere in vari modi soddisfatti o insoddisfatti, possiamo pensare a tutti gli stati intenzionali che hanno un intero contenuto propositivo e una direzione di forma come rappresentazioni delle loro condizioni di soddisfazione. Una credenza rappresenta le sue condizioni di verità,'un desiderio rappresenta le sue condizioni di adempimento, un'intenzione rappresentale condizioni di realizzazione... Lo stato intenzionale rappresenta le sue condizioni di soddisfazione... le persone erroneamente suppongono che ogni rappresentazione mentale debba essere pensata consapevolmente... ma la nozione di rappresentazione come la sto usando è una nozione funzionale e non ontologica. Tutto ciò che ha condizioni di soddisfazione, che può avere successo o fallire in un modo che è caratteristico dell'intenzionalità, è per definizione una rappresentazione delle sue condizioni di soddisfazione... possiamo analizzare la struttura dell'intenzionalità dei fenomeni sociali analizzandone le condizioni di soddisfazione". Searle MSW p28-32

"I primi quattro tipi di atti vocali hanno analoghi esatti negli stati intenzionali: corrispondenti ad Assertivi sono credenze, corrispondenti alle direttive sono desideri, corrispondenti ai commissari sono intenzioni e corrispondente a Espressivs è l'intera gamma di emozioni e altri stati intenzionali in cui il presupmaè è dato per scontato. Ma non eslste un analogo prelinguistico per le Dichiarazioni. Gli Stati intenzionali prelinguistici non possono creare fatti nel mondo rappresentando tali fatti come già esistenti. Questa straordinaria impresa richiede una lingua" MSW p69

"Speaker che significa... è l'imposizione di condizioni di soddisfazione sulle condizioni di soddisfazione. La capacità di farlo è un elemento cruciale delle capacità cognitive umane. Richiede la capacità di pensare su due livelli contemporaneamente, in un modo che è essenziale per l'uso del linguaggio. A un livello, l'altoparlante produce intenzionalmente un'espressione fisica, ma a un altro livello l'espressione rappresenta qualcosa. E la stessa dualità infetta il simbolo stesso. A unlivello, è un oggetto fisico come qualsiasi altro. A un altro livello,, ha un significato: rappresenta un tipo di stato di cose" MSW p74

"... una volta che hai il linguaggio, è inevitabile che avrai la deontologia perché non c'è modo di fare atti vocaliespliciti eseguiti secondo le conseguenze di un linguaggio senza creare impegni. Questo è vero non solo per le dichiarazioni, ma per tutti gli atti vocali" MSW p82

Questo porta un altro punto che è prominente in W ma negato da S, che tutto quello che possiamo fare è dare descrizioni e non una teoria. S insiste che sta fornendo teorie, ma naturalmente "teoria" e "descrizione" sono giochi di lingua troppo e mi sembra che la teoria di S è di solito la descrizione di W - una rosa con qualsiasi altro nome.... Il punto di W era che attenendosi a esempi perspicaci che tutti sappiamo essere veri resoconti del nostro comportamento, evitiamo le sabbie mobili delle teorie che cercano di tenere conto di TUTTI i comportamenti (TUTTI i giochi di lingua), mentre S vuole generalizzare e inevitabilmente va fuori strada (dà diversi esempi dei suoi errori in PNC). Come S e altri modificano all'infinito le loro teorie per tenere conto dei giochi linguistici multifarious, si avvicinano sempre di più a descrivere il comportamento per mezzo di numerosi esempi come ha fatto W.

I Primary Language Games (PLG) sono le semplici espressioni automatizzate Sistema 1, pensiero veloce, neurone specchio, solo vero, non proposizionale, stati mentali- le nostre percezioni e ricordi e atti riflessivi ('volontà') tra cui System 1 Truths e UA1--Understanding of Agency 1-- e Emotions1- come la gioia, l'amore, la rabbia, che può essere descritto causalmente, mentre l'evoluzionista più tardi Secondary Language Games (SLG) sono espressioni o descrizioni di volontarie , Sistema 2, pensiero lento, neuroni mentalizzanti, veri o falsi testabili, proposizionali, Truth2 e UA2 e Emozioni2- gioia, amare, odiare, il disposizionario (e spesso controfattuale) immaginando, supponendo, intendendo, pensando, conoscendo, credendo, ecc., che può essere descritto solo in termini di ragioni (cioè, è un fatto che tenta di descrivere il sistema 2 in termini di neurochimica, fisica atomica, matematica, solo non hanno senso --vedi W per molti esempi e Searle per buone dissizioni).

Non è possibile descrivere gli automatismi del Sistema 1 in termini di ragioni (ad esempio, 'Vedo che come una mela perché...') a meno che non si voglia dare una ragione in termini di EP, genetica, fisiologia, e come W ha dimostrato ripetutamente è inutile dare "spiegazioni" con la condizione che avranno un senso in futuro -- 'Niente è nascosto', ora o mai.

Una potente euristica è quella di separare il comportamento e l'esperienza in Intenzionalità 1 e Intenzionalità 2 (ad esempio, Pensare 1 e Pensare 2, Emozioni 1 e Emozioni 2 ecc.) e persino nelle Verità 1 (solo assiomi T) e nelle Verità 2 (estensioni empiriche o "Teoremi" che derivano dall'estensione logica delle Verità 1). W ha riconosciuto che 'Nothing is Hidden' - cioè tutta la nostra psicologia e tutte le risposte a tutte le domande filosofiche sono qui nel nostro linguaggio (la nostra vita) e che la difficoltà non è quella di trovare le risposte, ma di riconoscerle come sempre qui di fronte a noi - dobbiamo solo smettere di cercare di guardare più in profondità.

Le idee qui sono già state pubblicate e nulla sarà una sorpresa per coloro che hanno tenuto il passo con il lavoro di Searle.

Sento che W ha una migliore comprensione della connessione mente/lingua, come li considera sinonimi in molti contesti, e il suo lavoro è una brillante esposizione della mente come esemplificato in numerosi esempi perspicaci di uso del linguaggio. Come citato in precedenza, "Ora, se non sono le connessioni causali di cui ci occupiamo, allora le attività della mente si sono aperte davanti a noi". Si può negare che qualsiasi revisione dei nostri concetti (giochi linguistici) di causalità o di libero arbitrio sono necessari o addirittura possibili. Si può leggere praticamente qualsiasi pagina di W per i motivi. Una cosa è dire cose bizzarre sul mondo usando esempi tratti dalla meccanica quantistica, dall'incertezza ecc., ma un'altra è dire qualcosa di rilevante per il nostro normale uso delle parole.

Le strutture deontiche o 'colla sociale' sono le azioni rapide automatiche di S1 producendo le disposizioni lente di S2 che vengono inesorabilmente ampliate durante lo sviluppo personale in una vasta gamma di relazioni deontiche culturali universali inconsce automatiche con gli altri (S3). Anche se questo è il mio précis di comportamento mi aspetto che descriva in modo equo il lavoro di S.

Mi sembra abbastanza ovvio (come è stato a W) che la visione meccanica della mente esiste per lo stesso motivo di quasi tutti i comportamenti, è il funzionamento predefinito del nostro EP che cerca spiegazioni in termini di ciò che possiamo deliberatamente pensare attraverso lentamente, piuttosto che nell'automatizzato S1, di cui rimaniamo per lo più ignari (TPI). Trovo che la descrizione di W della nostra psicologia assiomatica ereditaria e delle sue estensioni nel suo OC e in altri lavori del terzo periodo siano più profonde di quelle di S (o di chiunque), e quindi NON siamo 'fiduciosi' che i cani siano coscienti, ma piuttosto non è aperto a (non è possibile) dubitare.

Ora esaminiamo la brillante sintesi di Searle dei suoi molti anni di lavoro sulla struttura logica del 'colla sociale' che tiene unita la società come stabilito è il suo "Fare il mondo sociale" (2010).

Una nozione critica introdotta da S molti anni fa è Condizioni di Soddisfazione (COS) sui nostri pensieri (proposte di S2) che W chiamavano inclinazioni o disposizioni ad agire - ancora chiamato con il termine inappropriato 'atteggiamenti proposizionali' da molti. COS sono spiegati da S in molti luoghi come su p169 di PNC: "Così dire qualcosa e significa che coinvolge due condizioni di soddisfazione. In primo luogo, la condizione di soddisfazione che l'espressione sarà prodotta, e in secondo luogo, che l'espressione stessa deve avere condizioni di soddisfazione." Come S afferma in PNC, "Una proposta è qualsiasi cosa che può determinare una condizione di soddisfazione... e una condizione di soddisfazione... è che tale e tale è il caso. Oppure, uno ha bisogno di aggiungere, che potrebbe essere o potrebbe essere o potrebbe essere immaginato per essere il caso, come egli chiarisce in MSW. Per quanto riguarda le intenzioni, "per essere soddisfatti, l'intenzione stessa deve funzionare causalmente nella produzione dell'azione". (MSWp34).

La maggior parte trarrà grande beneficio dalla lettura di W "On Certainty" o "RPP1 e 2" o dai due libri di DMS su OC (vedi le mie recensioni) in quanto fanno la differenza tra frasi vere e solo che descrivono S1 e proposizioni vere o false che descrivono S2. Questo mi sembra un approccio di gran lunga superiore a S's prendendo le percezioni S1 come proposizionale (almeno in alcuni luoghi nel suo lavoro) dal momento che possono diventare solo T o F (aspectual come S li chiama qui) dopo che si inizia a pensare a loro in S2. Tuttavia, il suo punto in PNC che le proposizioni permettono dichiarazioni di verità e falsità reali o potenziali, del passato e del futuro e della fantasia, e quindi fornire un enorme progresso rispetto al pre o proto-società linguistica, è cogente.

S spesso descrive la necessità critica di notare i vari livelli di descrizione di unevento, quindi per IA (Intention in Action) "Abbiamo diversi livelli di descrizione in cui un livello è costituito dal comportamento al livello inferiore... oltre alla costitutiva a titolo di relazione, abbiamo anche la causale per mezzo della relazione." (p37).

Quindi, riconoscere l'S1 è solo verso l'alto causale e insensato (mancando "rappresentazioni" o "informazioni")mentreS2 ha "contenuto" ed è verso il basso causale (ad esempio, vedi Hutto e Myin's 'Radical Enactivism') cambierei i paragrafi da p39 iniziando "In somma" e terminando su pg 40 con "condizioni di soddisfazione" come segue.

In sintesi, la percezione, la memoria e le intenzioni e le azioni riflessive ('volontà') sono causate dal funzionamento automatico del nostro EP reale S1. Attraverso le intenzioni e le intenzioni in azione precedenti, cerchiamo di abbinare il modo in cui desideriamo che le cose siano con come pensiamo che siano. Dovremmo vedere che la fede, il desiderio (e l'immaginazione: desideri il tempo spostato e così disaccoppiato dall'intenzione) e altre disposizioni proposizionali S2 del nostro pensiero lento evosi secondo sé in seguito, sono totalmente dipendenti (hanno il loro COS in) la RSI (Causally Self Reflexive) rapida primitiva primitiva solo sfesso S1. Nel linguaggio e forse nella neurofisiologia ci sono casi intermedi o misti come l'intenzione (intenzioni precedenti) o il ricordare, in cui la connessione causale con COS (cioè, con S1) è spostata nel tempo, in quanto rappresentano il passato o il futuro, a differenza di S1 che è sempre nel presente. I due sistemi si alimentano l'uno nell'altro e sono spesso orchestrati dalle relazioni culturali deontiche apprese senza soluzione di continuità, in modo che la nostra normale esperienza sia che controlliamo consapevolmente tutto ciò che facciamo. Questa vasta arena di illusioni cognitive che dominano la nostra vita S ha descritto come 'L'illusione fenomenologica'.

Conclude questo capitolo straordinario ripetendo forse per la decima volta nei suoi scritti, quello che considero un errore fondamentale che condivide con quasi tutti, l'idea che l'esperienza del 'libero arbitrio' possa essere "illusoria". Segue in modo molto semplice e inesorabile, sia dal lavoro del terzo periodo di W che dalle osservazioni della psicologia contemporanea, che "volontà", "sé" e "coscienza" sono elementi assiomatici solo veri del Sistema 1 proprio come vedere, sentire, ecc., e non vi è alcuna possibilità (intelligibilità) di dimostrare (di dare senso a) la loro falsità. Come W ha fatto così meravigliosamente chiaro numerose volte, sono la base per il giudizio e quindi non possono essere giudicati. S capisce e usa fondamentalmente questo stesso argomento in altri contesti (ad esempio, scetticismo, solipsismo) molte volte, quindi è abbastanza sorprendente che non possa vedere questa analogia. Fa questo errore frequentemente quando dice cose come quella che abbiamo "buone prove" che il nostro cane è cosciente ecc. Gli assiomi veri della nostra psicologia non sono probatori. Qui hai uno dei migliori psicologi descrittivis dal W, quindi questo non è uno stupido errore.

La sua sintesi dei deontici su p50 ha bisogno di traduzione. Così "Devi avere una forma prelinguistica di intenzionalità collettiva, su cui sono costruite le forme linguistiche, e devi avere l'intenzionalità collettiva della conversazione per fare l'impegno" è molto più chiara se integrata con "L'assiomatica prelinguistica di S1 alla base delle disposizioni linguistiche di S2 (cioè il nostro EP) che si evolvono durante la nostra maturazione nelle loro manifestazioni culturali".

Poiché le dichiarazioni delle funzioni di stato svolgono un ruolo centrale nella dichiarazione di suzione, è fondamentale comprenderle e quindi spiega la nozione di "funzione" che è rilevante in questo caso. "Una funzione è una causa che serve a uno scopo... In questo senso le funzioni sono intenzionali-relative e quindi dipendenti dalla mente... funzioni di stato... Richiedono... l'imposizione collettiva e il riconoscimento di uno status" (p59).

Ancora una volta, suggerisco la traduzione di "L'intenzionalità del linguaggio è creata dall'intenzionalità intrinseca, o indipendente dalla mente degli esseri umani" (p66) come "La disposizionalità linguistica e consapevole di S2 è generata dalle funzioni riflessive assiomatiche inconsce di S1" (p68). Cioè, bisogna tenere a mente che il comportamento è programmato dalla biologia.

Tuttavia, mi oppongo fortemente alle sue dichiarazioni su p66-67 e altrove nei suoi scritti che S1 (cioè, ricordi, percezioni, atti riflessi) ha una struttura proposizionale (cioè vero-falso). Come ho notato sopra, e molte volte in altre recensioni, sembra cristallino che W è corretto, ed è fondamentale per comprendere il comportamento, che solo S2 è proposizionale e S1 è assiomatico e vero-solo. Entrambi hanno COS e Directions of Fit (DOF) perché l'intenzionalità genetica e assiomatica di S1 genera quella di S2,, ma se S1 fosse proposizionale nello stesso senso significherebbe che lo scetticismo è comprensibile, il caos che era filosofia primadel ritorno diW, e in realtà la vita sociale (e forse tutta la vita animale a seconda di ciò che si considera "proposte") non sarebbe possibile. Come W ha mostrato innumerevoli volte e la biologia mostra così chiaramente, la vita deve essere basata sulla certezza, reazioni rapide inconsce automatizzate. Gli organismi che hanno sempre un dubbio e una pausa per riflettere moriranno (non potrebbero evolversi).

Contrariamente ai suoi commenti (p70) non riesco a immaginare un linguaggio privo di parole per oggetti materiali più di quanto possa immaginare un sistema visivo che non possa vederli, perché è il primo e più fondamentale compito della visione segmentare il mondo in oggetti e quindi quello del linguaggio per descriverli. Allo stesso modo, non riesco a vedere alcun problema con gli oggetti salienti nel campo cosciente né con frasi segmentate in parole. Come potrebbe essere altrimenti per gli esseri con la nostra storia evolutiva?

Su p72 e altrove, aiuterà a ricordare che le espressioni sono il primitivo PLG riflessivo di S1 mentre le rappresentazioni sono le SLG didisposizione di S2.

Un'altra traduzione da Filosofia in inglese è necessaria per il secondo paragrafo su p79 che inizia 'Finora' e termina 'sentito prima'. "Trasmettiamo significato pronunciando un linguaggio pubblico composto da parole in frasi con una sintassi."

Alle sue domande 4 e 5 su p105 per quanto riguarda la natura speciale del linguaggio e della scrittura, rispondo: "Sono speciali perché la breve lunghezza d'onda delle vibrazioni dei muscoli vocali consente un trasferimento di informazioni molto più elevato rispetto alle contrazioni di altri muscoli e questo è in media diversi ordini di grandezza più elevati per le informazioni visive."

Su p106, una risposta generale alla domanda 2 (Come facciamo a farla franca, cioè perché funziona) è EP e S1 e la sua dichiarazione che "La mia principale strategia di esposizione in questo libro è cercare di rendere il familiar sembrare strano e sorprendente" è ovviamente classico Wittgenstein. La sua affermazione sulla pagina successiva che non c'è una risposta generale al motivo per cui le persone accettano istituzioni è chiaramente sbagliato. Li accettano per lo stesso motivo per cui fanno tutto: il loro EP è il risultato di una forma fisica inclusiva. Ha facilitato la sopravvivenza e la riproduzione nel POE (Ambiente di adattamento evolutivo). Tutto di noi si snoda fisicamente e mentalmente nella genetica. Tutti i discorsi vaghi qui (ad esempio, p114) sulle "convenzioni extra-linguistiche" e sulla "semantica extra semantica" si riferiscono infatti all'EP e in particolare agli automatismi inconsci di S1 che sono alla base di ogni comportamento. Sì, come W ha detto molte volte, il più familiare è per questo motivo invisibile.

Il suggerimento di S (p115) che la lingua è essenziale per i giochi è sicuramente sbagliato. I sordomuti completamente analfabeti potevano giocare a carte, calcio e persino scacchi, ma ovviamente sarebbe necessaria una minima capacità di conteggio. Sono d'accordo (p121) che la capacità di fingere e immaginare (ad esempio, le nozioni controfattuale o come se coinvolte nel tempo e nello spostamento dello spazio) sono, in forma completa, capacità umane uniche e critiche per il pensiero di ordine superiore. Ma anche qui ci sono molti precursori animali (come ci deve essere), come la postura di combattimenti rituali e danze di accoppiamento, la decorazione di siti di accoppiamento da parte di uccelli bower, la pretesa alare rotta degli uccelli madre, falsi allarmi richiami di scimmie, pesci 'puliti' che prendono un morso dalla loro preda e simulazione di focchiere e colomba strategie (imbroglioni) in molti animali.

È necessaria una maggiore traduzione per la sua discussione sulla razionalità (p126 et seq.). Dire che il pensiero è propositivo e si occupa di vere o false 'entità factitive' significa che si tratta di una tipica disposizione S2 che può essere testata, al contrario delle vere funzioni cognitive automatiche di S1.

In 'Libero testamento, razionalità e fatti istituzionali' aggiorna parti del suo libro classico 'Razionalità in azione' e crea una nuova terminologia per descrivere l'apparato formale di ragioni pratiche che non trovo felici. "Entità differenzianti" non sembrano diverse dalle disposizioni e 'motivatore' (desiderio o obbligo), 'effettore' (muscoli del corpo), 'constitutor' (muscoli del linguaggio) e 'ragione totale' (tutte le disposizioni rilevanti) non lo fanno, almeno qui sembrano aggiungere chiarezza (p126-132).

Dovremmo fare qualcosa qui che raramente accade nelle discussioni sul comportamento umano e ricordarci della sua biologia. L'evoluzione mediante fitness inclusivo ha programmato le azioni causali riflessive inconsce di S1 che spesso danno origine al pensiero lento cosciente di S2 (spesso modificato dalle estensioni culturali di S3), che produce motivi di azione che spesso si traducono in attivazione del corpo e/o dei muscoli del linguaggio da parte di S1 causando azioni. Il meccanismo generale è attraverso sia la neurotrasmissione e da cambiamenti in vari neuromodulatori in aree mirate del cervello. Questo può sembrare anche infelicito, ma ha la virtù che si basa sul fatto, e data la complessità del nostro pensiero di ordine superiore, non credo che una descrizione generale diventerà molto più semplice. L'illusione cognitiva complessiva (chiamata da S 'The Phenomenological Illusion') è che S2 ha generato l'azione consapevolmente per motivi di cui siamo pienamente consapevoli e di cui abbiamo il controllo, ma chiunque abbia familiarità con la biologia e la psicologia moderna sa che questa visione non è credibile.

Ancora unavolta, ripeterò alcune nozioni cruciali. Un'altra idea chiarita da S è il Desire Independent Reasons for Action (DIRA). Tradurrei la sintesi di S della ragione pratica su p127 di MSW come segue: "Cediamo ai nostri desideri (bisognogeneticamente programmato di modificare la chimica del cervello), che in genere includono le ragioni di azione indipendenti del desiderio (DIRA -- cioè i desideri spostati nello spazio e nel tempo), che producono disposizioni a comportamenti che si traducono comunemente prima o poi nei movimenti muscolari che servono la nostra forma fisica inclusiva (aumentata la sopravvivenza per i geni in noi stessi e quelli correlati"). E vorrei ribadire la sua descrizione su p129 di come effettuiamo DIRA2 (cioè, il gioco linguistico di DIRA nel sistema 2) come "La risoluzione del paradosso è che l'inconscio DIRA1 che serve fitness inclusiva a lungo termine genera il DIRA2 consapevole che spesso prevalgono sui desideri personali a breve termine." Gli agenti infatti creano consapevolmente le ragioni approssimative di DIRA2, ma queste sono estensioni molto limitate di DIRA1 inconscio (la causa finale). Obama e il Papa vogliono aiutare i poveri perché è "giusto", ma la causa ultima è un cambiamento nella loro chimica del cervello che ha aumentato l'idoneità inclusiva dei loro lontani antenati (e anche, ad esempio, il Supremacismo neomarxismo terzo mondo che distrugge l'America e il mondo).

L'evoluzione da una forma fisica inclusiva ha programmato le azioni causali riflessive inconsce diS1, che spesso danno origine al pensiero lento cosciente di S2, che produce motivi di azione che spesso si traducono in attivazione del corpo e/o dei muscoli del linguaggio da parte di S1 causando azioni. Il meccanismo generale è attraverso sia la neurotrasmissione e da cambiamenti nei neuromodulatori in aree mirate del cervello. L'illusione cognitiva complessiva (chiamata da S 'The Phenomenological Illusion', da Pinker 'The Blank Slate' e da Tooby e Cosmides 'The Standard Social Science Model') è che S2 ha generato l'azione consapevolmente per motivi di cui siamo pienamente consapevoli e in controllo, ma chiunque abbia familiarità con la biologia e la psicologia moderne può vedere che questa visione non è credibile.

Così, tradurrei la sua sintesi della ragione pratica su p127 come segue: "Cediamo ai nostri desideri (necessità di alterare la chimica del cervello), che tipicamente includono il Desiderio –Motivi Indipendenti di Azione (DIRA, cioè, desideri spostati nello spazio e nel tempo, il più delle volte per altruismo reciproco), che producono disposizioni a comportamenti che spesso si traducono prima o poi nei movimenti muscolari che servono la nostra idoneità inclusiva (aumento della sopravvivenza per i geni in noi stessi e quelli strettamente correlati).

Contrariamente al commento di S su p128 penso che se opportunamente definito, DIRA sono universali negli animali superiori e non sono affatto unici per gli esseri umani (si pensi gallina madre difendere la sua covata da una volpe) se includiamo i riflessi prelinguistici automatizzati di S1 (cioè, DIRA1), ma certamente il diRA di ordine superiore di S2 o DIRA2 che richiedono linguaggio sono unicamente umani. Questo mi sembra una descrizione alternativa e più chiara della sua "spiegazione" (come W ha suggerito questi sono molto meglio chiamati 'descrizione') sul fondo del p129 del paradosso di come possiamo volontariamente effettuare DIRA2 (cioè, i desideri S2 e le loro estensioni culturali). Cioè, "La risoluzione del paradosso è che il riconoscimento di ragioni indipendenti dal desiderio può radicare il desiderio e quindi causare il desiderio, anche se non è logicamente inevitabile che lo facciano e non empiricamente universale che lo fanno" può essere tradotto come "La risoluzione del paradosso è che l'inconscio DIRA1 che serve a lungo termine fitness inclusivo genera il DIRA2 consapevole che spesso prevalgono sul breve termine desideri personali immediati". Allo stesso modo, per la sua discussione su questo tema su p130-31 - è EP, RA, IF, S1 (Psicologia evolutiva, Altruismo reciproco, inclusive fitness, sistema 1) che fondano le disposizioni e le azioni che ne derivano diS2.

Su p140 chiede perché non possiamo ottenere i deonti dalla biologia, ma ovviamente dobbiamo ottenerli dalla biologia in quanto non c'è altra opzione e la descrizione di cui sopra mostra come questo accada. Contrariamente alla sua affermazione, le inclinazioni più forti prevalgono sempre (per definizione, altrimenti non è il più forte), ma la deonetica funziona perché la programmazione innata di RA e IF sostituiscono i desideri immediati a breve termine personali. La sua confusione di natura e nutrimento, di S1 e S2, si estende alle conclusioni 2 e 3 su p143. Gli agenti creano effettivamente le ragioni approssimative di DIRA2, ma queste non sono altro che altro che, con poche o nessuna eccezione, estensioni molto limitate di DIRA1 (la causa finale). Se intende davvero attribuire i deontici alle nostre decisioni coscienti da solo, allora è preda di 'The Phenomenological Illusion'(TPI) che ha così splendidamente demolito nel suo classico giornale con quel nome (vedi la mia recensione di PNC). Come ho notato sopra, c'è un enorme corpo di recenti ricerche sulla cognizione implicita esponendo le illusioni cognitive che compongono la nostra personalità. Il TPI non è solo un innocuo errore filosofico, ma un'obliosità universale per la nostra biologia che produce l'illusione che controlliamola nostra vita, la nostra società e ilmondo, e le conseguenze sono quasi certo il collasso della civiltà industriale nei prossimi 150 anni.

Egli osserva correttamente che la razionalità umana non ha senso senza il "gap" (in realtà 3 lacune che ha discusso molte volte). Cioè, senza libero arbitrio (cioè, scelta) in un certo senso non banale sarebbe tutto inutile, e ha giustamente notato che è inconcepibile che l'evoluzione potrebbe creare e mantenere una inutile farsa geneticamente ed energeticamente costosa. Ma, come quasi tutti gli altri, non può vedere la sua via d'uscita e così ancora una volta suggerisce (p133) che la scelta può essere un'illusione. Al contrario, dopo W, è abbastanza chiaro che la scelta fa parte delle nostre azioni riflessive aspriose S1 vere e non possono essere interrogate senza contraddizioni, poiché S1 è la base per interrogare. Non si può nel caso normale dubitare che si sta leggendo questa pagina come la vostra consapevolezza di esso è la base per dubbi.

Ora ci permette di rivedere brevemente il libro più recente di Searle, 'Seeing Things As They Are' (STATA-2015). Vedere la recensione completa per ulteriori commenti.

Come ci si aspetta da qualsiasi filosofia, siamo subito in difficoltà, perché a pagina 4 abbiamo i termini 'percezione' e 'oggetto' come se fossero stati utilizzati in un certo senso normale, ma stiamo facendo filosofia, quindi ci accingiamo ad essere ondulato avanti e indietro tra i giochi di lingua senza possibilità di mantenere i nostri giochi giorno per giorno distinti da quelli filosofici vari. Ancora una volta, è possibile leggere alcuni di Bennett e Hacker 'Neuroscienza e filosofia' o 'Philosophical Foundations of Neuroscience' per avere un'idea di questo. Purtroppo, come quasi tutti i filosofi, Searle (S) non ha ancora adottato il quadro di due sistemi, quindi è molto più difficile tenere le cose dritte di quanto dovrebbe essere.

Su p6, Believing e Asserting fanno parte del sistema 2 che è linguistico,, deliberativo, lento, senza preciso momento di occorrenza, e 'piove' è la loro condizione pubblica di soddisfazione (COS2) (transitivo di Wittgenstein) –cioè, è proposizionale e rappresentativa e non uno stato mentale e possiamo solo descriverlo in modo intelligibile in termini di motivi , mentre Visual Experience (VisExp) è il sistema 1 e quindi richiede (intelligibilità di idoneità, per la sanità mentale) che sia piovente (è COS1) e ha un determinato tempo di occorrenza, è veloce (tipicamente sotto i 500msec), non tecuabile (solo o intransitivodi Wittgenstein) e nonpubblico, automatico e non linguistico,, cioè non proposizionale e di presentazione e solo descrivibile in termini di cause di uno stato mentale. Nonostante questo su p7 dopo aver schiacciato l'orribile (ma ancora abbastanza popolare) termine 'atteggiamento proposizionale', dice che la percezione ha contenuto proposizionale, ma sono d'accordo con W che S1 è solo vero e quindi non può essere propositivo in qualcosa come il senso di S2 dove le proposizioni sonopubblicherelazioni (COS) che sono vere o false.

Su p12 tenere a mente che egli sta descrivendo l'automaticità del sistema 1 (S1), e poi osserva che per descrivere il mondo possiamo solo ripetere la descrizione, che W notato come mostrando i limiti del linguaggio. L'ultima frase alla fine del paragrafo metà del p13 ha bisogno di essere tradotta (come la maggior parte della filosofia!) quindi per "L'esperienza soggettiva ha un contenuto, che i filosofi chiamano un contenuto intenzionale e la specifica del contenuto intenzionale è la stessa della descrizione dello stato delle cose che il contenuto intenzionale presenta con ecc." Direi: "Le percezioni sono stati mentali di sistema 1 che possono essere descritti solo nella lingua pubblica del sistema 2". E quando finisce con l'equivalenza di una descrizione del credere con quella di una descrizione della nostra percezione, ripete ciò che W ha notato molto tempofa, e che è dovuto al fatto che S1 non è linguistico e che descrivere, credere, credere, aspettarsi, ecc. sono tutti diversi modi psicologici o intenzionali o giochi linguistici giocati con le stesse parole.

Su p23 si riferisce a "esperienze" private, ma le parole sono S2 e descrivono eventi pubblici, quindi ciò che giustifica il nostro uso della parola per "esperienze private" (cioè S1) non può essere solo le loro manifestazioni pubbliche (S2), cioè il linguaggio che tutti usiamo per descrivere gli atti pubblici, come anche per me non posso avere alcun modo per associare il linguaggio a qualcosa di interno. Questa è naturalmente l'argomentazione di W contro la possibilità di una lingua privata. Egli menziona anche più volte che le allucinazioni di X sono le stesse di vedere X, ma quale può essere il test per questo tranne che siamo inclini a usare le stesse parole? In questo caso, sono gli stessi per definizione, quindi questo argomento risuona vuoto.

Sul vertice p35 attacca ancora una volta correttamente l'uso di "atteggiamento proposizionale" che non è un atteggiamento verso una frase, ma un atteggiamento (disposizione) al suo COS pubblico, cioè al fatto o al creatore del verdetto. Poi dice: "Per esempio, se vedo un uomo davanti a me, il contenuto è che c'è un uomo di fronte a me. L'oggetto è l'uomo stesso. Se ho un'allucinazione corrispondente, l'esperienza percettiva ha un contenuto, ma nessun oggetto. Il contenuto può essere esattamente lo stesso nei due casi, ma la presenza di un contenuto non implica la presenza di un oggetto." Il modo in cui vedo questo è che l'oggetto è normalmente nel mondo e crea lo stato mentale (S1) e se lo mettiamo in parole diventa S2 con COS2 (cioè, un veroratie pubblico) e questo comporta l'oggetto pubblico, ma per un'allucinazione (o stimolazione cerebrale diretta ecc.) l'"oggetto" è solo lo stato mentale simile derivante dall'attivazione del cervello.

Come W ci ha mostrato, il grande errore non riguarda la comprensione della percezione, ma la comprensione del linguaggio, tutti i problemi della filosofia vera e propria, non sono esattamente gli stessi, non guardare attentamente come funziona il linguaggio in un particolare contesto in modo da dare chiaramente COS.

Mezzo di p61 vediamo le confusioni che sorgono qui e ovunque quando non riusciamo a mantenere S1 e S2 separati. O non dobbiamo fare riferimento alle rappresentazioni in S1 o dobbiamo almeno chiamarle R1 e renderci conto che non hanno COS pubblico, cioè nessun COS2.

Su p63 non stadiabilità significa solo che si tratta di una funzione automatica causata di S1 e non una funzione motivata e volontaria di S2. Questa discussione continua sulla pagina successiva, ma naturalmente è rilevante per l'intero libro e per tutta la filosofia, ed è così spiacevole che Searle, e quasi tutte nelle scienze comportamentali, non possa entrare nel XXI secolo e utilizzare la terminologia dei due sistemi che rende così tante questioni opache moltocl ear. Allo stesso modo con la mancanza di capire che è sempre solo una questione di se si tratta di una questione scientifica o filosofica e se filosofica allora quale gioco di linguaggio sta per essere giocato e ciò che il COS sono nel contesto in questione.

Su p64 dice che l'"esperienza" è nella sua testa, ma questo è solo il problema, come W ha reso così chiaro che non c'è un linguaggio privato e come Bennett e Hacker prendono l'intera comunità di neuroscienze al compito per, in uso normale 'esperienza' può essere solo un fenomeno pubblico per il quale condividiamo i criteri, ma qual è il test per il mio avere un'esperienza nella mia testa? Per lo meno, c'è un'ambiguità qui che porterà ad altri. Molti pensano che non abbiano importanza, molti pensano di sì. Succede qualcosa nel cervello, ma questo è un problema neurofisiologico scientifico e certamente per 'esperienza' o da 'ho visto un coniglio' non si intende mai la neurofisiologia. Chiaramente non si tratta di un'indagine scientifica, ma di usare le parole in modo intelligibilmente.

Su p65 indicico, non collegabile, e presentazione sono solo più gergo filosofico utilizzato al posto del sistema 1 da persone che non hanno adottato il quadro di due sistemi per descrivere il comportamento (cioè quasi tutti). Allo stesso modo, per le pagine seguenti se ci rendiamo conto che 'oggetti e stati di cose', 'esperienze visive', 'completamente determinato' ecc., sono solo giochi linguistici in cui dobbiamo decidere che cosa sono i COS e che se teniamo a mente le proprietà di S1 e S2 tutto questo diventa abbastanza chiaro e Searle e tutti gli altri potrebbero smettere di 'lottare per esavo' e s'estraltanto. Così (p69) 'la realtà è determinata' significa solo che le percezioni sono S1 e quindi gli stati mentali, qui e ora, automatici, causali, non testabile (vero-, i.e., no public tests) etc. while beliefs, like all dispositions are S2 and so not mental states, do not have a definite time, have reasons and not causes, are testable with COS etc.

Su p70 osserva che le intenzioni in azione della percezione (IA1 nei miei termini) fanno parte degli atti riflessivi di S1 (A1 nei miei termini) che possono derivare da atti S2 che sono diventati riflessivi (S2A nella mia terminologia).

Sul fondo del p74 su p75, 500 msec è spesso preso come la linea di demarcazione approssimativa tra vedere (S1) e vedere come (S2), il che significa che S1 passa la percezione ai centri corticali superiori di S2 dove possono essere deliberati ed espressi nel linguaggio.

Su p100-101 il "campo visivo soggettivo" è S2 e 'objective visual field' è S1 e 'non si vede nulla' in S2 significa che non giochiamo il gioco linguistico di vedere nello stesso senso di S1 e in effetti la filosofia e un buon pezzo di scienza (ad esempio, la fisica) sarebbe diverso se le persone si rendessero conto che stavano giocando agiochi linguistici e non facendo scienza.

Su p107 'percezione è trasparente' perché il linguaggio è S2 e S1 non ha un linguaggio in quanto è automatico e riflessivo, così quando si dice quello che ho visto, o per descrivere quello che ho visto, posso solo dire "ho visto un gatto". Ancora una volta W ha sottolineato questo molto tempo fa come mostrando i limiti del linguaggio.

P110 mezzo deve essere tradotto da SearleSpeak in TwoSystemsSpeak in modo che "Poiché l'intenzionalità visiva di presentazione è una sottospecie di rappresentazione, e poiché tutta la rappresentazione è sotto gli aspetti, le presentazioni visive presenteranno sempre le loro condizioni di soddisfazione in alcuni aspetti e non altri." diventa "Perché i percetti di S1 presentano i loro dati a S2, che ha pubblico COS, possiamo parlare di S1 come se abbia anche COS pubblico". Su p111 la "condizione" si riferisce al COS pubblico di S2, cioè gli eventi che rendono l'affermazione vera o falsa e "ordine inferiore" e "ordine superiore" si riferiscono a S1 e S2.

Su p112 l'azione di base e la percezione di base sono isomorfiche perché S1 alimenta i suoi dati a S2, che può generare azioni solo nutrendo s1 per contrarre i muscoli, e la percezione di livello inferiore (P1) e la percezione di livello superiore (P2) possono essere descritte solo negli stessi termini perché c'è solo un linguaggio per descrivere S1 e S2. Sul fondo p117 sarebbe molto meno misterioso se avrebbe adottato il quadro di due sistemi, in modo che invece di "connessione interna" con condizioni di soddisfazione (la mia COS1), una percezione sarebbe solo notato come l'automaticità di S1 che provoca uno stato mentale.

Su p120 il punto è che le "catene causali" non hanno alcun potere esplicativo perché i giochi linguistici di 'causa' hanno senso solo in S1 o in altri fenomeni non psicologici della natura, mentre la semantica è S2 e possiamo solo parlare in modo intelligibilmente di ragioni per uncomportamento umano piùalto. Un modo in cui questo si manifesta è "il significato non è nella testa" che ci racchiude in altri giochi linguistici.

Su p121 dire che è essenziale per una percezione (S1) che ha COS1 ('l'esperienza') si limita a descrivere le condizioni del gioco linguistico della percezione, è uno stato mentale causale automatico (P1) quando si parla di sistema 1.

Su p 122 penso che "In primo luogo, perché qualcosa sia rosso nel mondo ontologicamente oggettivo è che sia in grado di causare esperienze visive ontologicamente soggettive come questa." non è coerente in quanto non c'è nulla a cui possiamo fare riferimento 'questo' quindi dovrebbe essere dichiarato come "In primo luogo, perché qualcosa di rosso è solo per essere incline achiamarlo 'rosso' ", come al solito, il gergo non aiuta affatto e il resto del paragrafo è inutile.

Su p123 la 'disposizione di fondo" è lo stato automatico, causale, mentale di S1, e come io, in accordo con W, DMS e altri hanno detto moltevolte, questi non possono essere intelligibilmente chiamati 'presupposti' in quanto sono inconsciamente attivati 'cerniere' che sono la base per presupposti.

Sezione VII e VIII (o l'intero libro o la maggior parte del comportamento di ordine superiore o la maggior parte della filosofia in senso stretto) potrebbero essere intitolati "I giochi linguistici che descrivono l'interazione della causalità, stati mentali transitori automatici e non linguistici di S1 con il pensiero linguistico ragionato, cosciente e persistente di S2" e lo sfondo non è supposizionale né può essere dato perscontato, ma è la nostra psicologia assiomatica vera (le 'cerniere" o 'modi di agire' di "On Certainty'") di W) che sono alla base di tutte le supposizioni. Come è evidente dai miei commenti penso che tutta la sezione, mancando il quadro dei due sistemi e le intuizioni di W in OC è confuso nel supponendo che presenta una "spiegazione" di percezione in cui può nel migliore dei casi solo descrivere come funziona il linguaggio della percezione in vari contesti. Possiamo solo descrivere come viene utilizzata la parola 'rosso' e questa è la fine e per l'ultima frase di questa sezione potremmo dire che per qualcosa di essere una 'mela rossa' è solo per esso di provocare normalmente le stesse parole che vengono utilizzate da tutti.

Parlando di cerniere, è triste e un po 'strano che Searle non ha incorporato ciò che molti (adesempio, DMS   (Danielle Moyal-Sharrock) un eminente filosofo contemporaneo e principale esperto W)) considerano come la più grande scoperta nella filosofia moderna - rivoluzione di W di epistemologia nel suo 'On Certainty',, come nessuno può fare filosofia o psicologia nel vecchio modo più senza guardare antiquated . E anche se Searle ha quasi completamente ignorato "On Certainty" tutta la sua carriera, nel 2009 (cioè, 6 anni prima della pubblicazione di questo libro) ha parlato a un simposio su di esso tenuto dalla società britannica Wittgenstein e ospitato dalla DMS, quindi è certamente consapevole della visione che ha rivoltogli argomenti chesta discutendo qui. Non credo che questo incontro sia stato pubblicato, ma la sua lezione può essere scaricata da Vimeo. Sembra essere il caso di un vecchio cane che non può imparare nuovi trucchi. Anche se probabilmente è stato pioniere di più nuovo territorio nella psicologia descrittiva del comportamento di ordine superiore di chiunque altro da Wittgenstein (ad eccezione di forse Peter Hacker i cui scritti sono piuttosto densi e i suoi 3 volumi sulla natura umana molto recenti),una volta che ha imparato un percorso tende a rimanere su diesso, come tutti noi. Come tutti, usa il *repertorio* delle parole francesi quando quiè più facile pronunciare e scrivere la parola inglese "repertorio" e l'imbarazzante 'lui/lei' o invertire la sessista 'lei' quando si può sempre usare 'loro' o 'loro'. Nonostante la loro intelligenza superiore e l'istruzione, gli accademici sono pecore troppo e sono quasi tutti seguendo la classe inferiore semi-alfabetizzati non solo in cattivo inglese, ma in neomarxismo terzo fascismo suprematista mondiale.

La sezione IX alla fine del capitolo mostra ancora una volta i giochi di lingua molto opachi e scomodi in cui si è costretti quando si cerca di descrivere (non spiegare come W chiarito) le proprietà di S1 (cioè, per giocare i giochi linguistici utilizzati per descrivere le 'qualità primarie') e come questi dati di alimentazione in S2 (cioè, qualità secondarie), che poi deve alimentare di nuovo a S1 per generare azioni. Mostra anche gli errori che ci si impegna non afferrando la visione unica di Wittgenstein sull'"epistemologia della cerniera" presentata in "On Certainty". Per mostrare quanto questo è più chiaro con la terminologia del doppio sistema avrei dovuto riscrivere l'intero capitolo (e gran parte del libro). Dal momento che ho riscritto le sezioni qui più volte, e spesso nelle mie recensioni degli altri libri di Searle, darò solo un paio di brevi esempi.

La frase sul p129 "La realtà non dipende dall'esperienza, ma viceversa. Il concetto di realtà in questione comporta già la capacità causale di produrre certi tipi di esperienze. Quindi, la ragione per cui queste esperienze presentano oggetti rossi è che il fatto stesso di essere un oggetto rosso comporta la capacità di produrre questo tipo di esperienza. Essere una linea retta comporta la capacità di produrre questo altro tipo di esperienza. Il risultato è che gli organismi non possono avere queste esperienze senza sembrare loro che stanno vedendo un oggetto rosso o una linea retta, e che "sembrare a loro" segna l'intenzionalità intrinseca dell'esperienza percettiva." Può essere visualizzato come "S1 fornisce l'input per S2 e il modo in cui usiamo la parola 'rosso' impone in ogni contesto, quindi usare queste parole in un modo particolare è ciò che significa vedere rosso. Nel caso normale, non ci sembra che vediamo il rosso, vediamo solo il rosso e usiamo 'sembri" per descrivere i casi in cui siamo in dubbio."

Su p130 "La nostra domanda ora è: c'è una connessione essenziale tra il carattere delle cose nel mondo e il carattere della nostra esperienza?" può essere tradotto come "I nostri giochi di lingua pubblica (S2) sono utili (coerenti) nella descrizione della percezione (S1)?"

Il primo paragrafo della Sezione X "The Backward Road" è forse il più importante del libro, in quanto è fondamentale per tutta la filosofia capire che non ci può essere una connessione precisa 1:1 tra o la riduzione di S2 a S1 a causa dei molti modi di descrivere nel linguaggio un dato evento (stato mentale, cioè, percetto, memoria ecc.). Da qui l'impossibilità di catturare il comportamento (linguaggio, pensiero) perfettamente negli algoritmi (la disperazione dell'IA forte) o di estrapolare da un dato modello neuronale nel cervello agli atti multitudinosi (giochi linguistici - cioè, parole in contesti illimitati)usiamo per descriverlo. La "Backward Road" è la lingua (COS) di S2 usata per descrivere S1. Ancora una volta, penso che la sua mancata utilizzo del quadro di due sistemi rende questo abbastanza confuso se non opaco. Naturalmente,, condivide questo fallimento con quasi tutti. Searle ha commentato su questo prima e così hanno altri (ad esempio, Hacker, W in vari contesti) ma sembra essere sfuggito la maggior parte dei filosofi e quasi tutti gli scienziati.

Ancora una volta, Searle manca il punto in Sect XI e X12 −non lo facciamo e non possiamo 'sembrare di vedere' rosso o 'sembra' di avere una memoria o 'assumere' una relazione tra l'esperienza e la parola, ma come con tutte le percezioni e i ricordi che costituiscono gli stati mentali innati assiomatici veri del Sistema 1, abbiamo solo l'esperienza e "diventa" solo 'rosso' ecc., quando descritto nel linguaggio pubblico con questa parola in questo contesto dal Sistema 2. Sappiamo che è rosso in quanto si tratta di una cerniera, un assioma della nostra psicologia che è la nostra azione automatica ed è la base per supposizioni o giudizi o presupposizioni e non può essere intelligibilmente giudicato, testato o alterato. As W ha sottolineato così tante volte, un errore in S1 è di un tipo completamente diverso da uno in S2. Non sono possibili spiegazioni: possiamo solo descrivere come funziona e quindi non c'è alcuna possibilità di ottenere una "spiegazione" non banale della nostra psicologia dell'ordine superiore. Come ha sempre fatto, Searle fa l'errore comune e fatale di pensare che capisce il comportamento (linguaggio) meglio di Wittgenstein. Dopo un decennio di lettura W, S e molti altri trovo che gli "esempi perspicui" di W, gli aforismi e i trialogues di solito forniscono una maggiore illuminazione rispetto alle disquisizioni prolisse di chiunque altro.

"Possiamo not avanzare qualsiasi tipo di teoria, tqui non deve essere nulla di ipotetico nelle nostre considerazioni. Dobbiamo eliminare tutte le spiegazioni, e la descrizione da sola deve prendere il suo posto. (PI 109).

Su p135, un modo per descrivere la percezione è che l'evento o l'oggetto provoca un modello di attivazione neuronale (stato mentale) la cui COS1 auto-riflessiva è che vediamo una rosa rossa di fronte a noi, e in contesti appropriati per una normale persona di lingua inglese, questo ci porta ad attivare le contrazioni muscolari che produce le parole 'Vedo una rosa rossa' la cui COS2 è che c'è una rosa rossa lì. O semplicemente, S1 produce S2 in contesti appropriati. Quindi, su p136 possiamo dire che S1 porta a S2 che esprimiamo in questo contesto con la parola 'liscio' che descrive (ma mai 'spiega') come funziona il gioco del linguaggio di 'liscio' in questo contesto e possiamo tradurre "Per le azioni di base e le percezioni di base il contenuto intenzionale è internamente correlato alle condizioni di soddisfazione, anche se è caratterizzato non intenzionalisticamente, perché essere la caratteristica per F concepita consiste nella capacità di creare esperienze di tipo. E nel caso dell'azione, lee xperiences di quel tipo consistono nella loro capacità di causare quel tipo di movimento corporeo." come "percezioni di base (S1) possono portare automaticamente (internamente) alle azioni riflessie di base (A1) (cioè, bruciare un dito porta a ritirare il braccio) che solo allora entra nella consapevolezza in modo che possa essere riflesso e descritto nel linguaggio (S2).

Su p150, il punto è che dedurre, come sapere, giudicare, pensare, è una disposizione S2 espressa nel linguaggio con COS pubblico che sono informativi (vero o falso) mentre i percetti sono non informativi (vedi la mia recensione di Hutto e il primo libro di Myin) risposte automatizzate di S1 e non c'è modo significativo per giocare a un gioco linguistico di dedurre in S1. Alberi e tutto ciò che vediamo è S1 per poche centinaia di msec o giù di lì e poi normalmente entrare S2 dove ottengono lingua collegata (forma aspettosa o visto come).

Per quanto riguarda p151 et seq., è triste che Searle, come parte della sua mancanza di attenzione alla successiva W, non sembra mai riferirsi a quella che è probabilmente l'analisi più penetrante delle parole a colori in "Osservazionisul colore" diW, che manca da quasi ogni discussione dell'argomento che ho visto. L'unico problema è come si gioca il gioco con parole a colori e con 'stesso', 'diverso', 'esperienza', ecc in questo contesto linguistico pubblico (dichiarazioni vere o false-COS2) perché non c'è nessuna lingua e nessun significato in uno privato (S1). Quindi, non importa (tranne che per i neuroscienziati) ciò che accade negli stati mentali di S1 ma solo quello che diciamo su di loro quando entrano S2. E 'chiaro come il giorno che tutti e 7. 8 miliardi sulla terra hanno un modello leggermente diverso di attivazione neurale ogni volta che vedono il rosso e che non vi è alcuna possibilità di una correlazione perfetta tra S1 e S2. Come ho notato sopra è assolutamente fondamentale per ogni filosofo e scienziato per ottenere questo chiaro.

Per quanto riguarda il cervello in una vasca (p157), nella misura in cui interrompiamo o eliminiamo le normali relazioni di S1 e S2, perdiamo i giochi linguistici di intenzionalità. Lo stesso vale per le macchine intelligenti e W ha descritto questa situazione definitivamente oltre 80 anni fa.

"Solo di un essere vivente e di ciò che assomiglia (si comporta come) un essere umano vivente si può dire: ha sensazioni; vede; è cieco; sente; è sordo; è cosciente o inconscio. (PI 281)

Capitolo 6: Sì, il disgiuntivismo (come quasi tutte le tesi filosofiche) è incoerente e il fatto che questa e altre assurdità fioriscono nel suo dipartimento e anche tra alcuni dei suoi ex studenti che hanno ottenuto il massimo dei voti nelle sue classi di Filosofia della Mente dimostra forse che, come la maggior parte, si è fermato troppo presto nei suoi studi Wittgenstein.

Su p188, sì vedere e 'conoscere' (cioè, K1) sono gli stessi poiché S1 è solo vero, cioè, è il veloce, assiomatico, causalmente autoriflesivo, stati mentali automatici che possono essere descritti solo con i giochi di lingua pubblica lenti e deliberatici di S2.

Su p204 -5, la rappresentazione è sempre sotto un aspetto poiché, come pensare, sapere ecc., è una disposizione di S2 con COS pubblico, che è infinitamente variabile.

Ancora una volta, credo che l'uso del quadro dei due sistemi semplifichi notevolmente la discussione. Se si insiste nell'utilizzare la "rappresentazione" per le "presentazioni" di S1, allora si dovrebbe dire che R1 ha UN COS1 che sono stati mentali neurofisiologici transitori, e così totalmente diversi da R2, che hanno COS2 (forme aspectuali) che sono stati di affari pubblici, linguisticamente esprimibili, e la nozione di stati mentali inconsci è illegittima poiché tali giochi linguistici non hanno un senso chiaro.

Purtroppo, su p211 Searle, forse per la decima volta nei suoi scritti (e all'infinito nelle sue lezioni), dice che 'libero arbitrio' può essere illusorio, ma come W degli anni '30 nel noto, non si può negare o giudicare coerentemente le 'cerniere', come la nostra scelta, né che vediamo, sentiamo, dormiamo, hanno mani ecc., come queste parole esprimono gli assiomi solo della nostra psicologia, i nostri comportamenti automatici che sono alla base dell'azione.

Sul fondo p219 e 222 in alto, era W nel suo lavoro, culminato in 'On Certainty' che ha sottolineato che il comportamento non può avere una base probatoria e che il suo fondamento è la nostra certezza animale o modo di comportarsi che è la base del dubbio e della certezza e non può essere messo in dubbio (le cerniere di S1). Ha anche osservato molte volte che un "errore" nelle nostre percezioni di base (S1) che non ha COS pubblico e non può essere testato (a differenza di quelli di S2), se è maggiore o persiste, porta non a ulteriori test, ma alla follia.

Fenomenolismo p227 top: Vedi i miei ampi commenti sull'eccellente saggio di Searle 'The Phenomenological Illusion' nella mia recensione di 'Filosofia in un nuovo secolo'. Non c'è nemmeno alcun mandato per riferirsi alle loro esperienze private come "fenomeni", "vedere" o qualsiasi altra cosa. Come W notoriamente ci ha mostrato, la lingua può essere solo un'attività tecuabile pubblica (nessuna lingua privata). E su p230 il problema non è che la "teoria" "sembra" inadeguata, ma che (come la maggior parte se non tutte le teorie filosofiche) sia incoerente. Utilizza un linguaggio che non ha COS chiaro. Come W ha insistito tutto quello che possiamo fare è descrivere, sono gli scienziati che possono fare teorie.

La linea di fondo è che questo è il classico Searle, superbo e probabilmente almeno buono come chiunque altro può produrre, ma manca di comprensione delle intuizioni fondamentali del successivo Wittgenstein, e senza la comprensione dei due sistemi di quadro di pensiero, che avrebbe potuto renderlo brillante.

Rilevo ancora una volta che W ha presentato una risoluzione interessante ad alcuni di questi "puzzle" suggerendo che alcuni "fenomeni mentali" (cioè, parole per disposizioni che portano ad atti pubblici) possono avere origine in processi caotici nel cervello e che non c'è nulla corrispondente a una tracciadi memoria, né ad un singolo processo cerebrale identificabile come una singola intenzione o azione - che la catena causale finisce senza lasciare traccia, e che 'causa', 'evento' e 'tempo' cessano di essere applicabili (utile, avendo chiaro COS). Successivamente, molti hanno fatto suggerimenti simili basati sulla fisica e le scienze della complessità e del caos. Bisogna tuttavia ricordare che "caotico" in senso moderno significa determinato dalle leggi, ma non prevedibile, e che la scienza del caos non esisteva fino a molto tempo dopo la sua morte. E ancora una volta lasciatemi notare che la teoria del caos è stata dimostrata essere sia indecidibile e incompleta (nel senso di Godel).

Tutto il nostro comportamento (o il funzionamento del cervello se lo si desidera) ha la sua origine nella nostra psicologia innata, quindi le 'scienze umane' di filosofia, sociologia, antropologia, scienza politica, psicologia, storia, letteratura, religione, ecc,, e le 'scienze dure' della fisica, della matematica edellabiologia sono un   mix di domande sul giocolinguistico, di cui ho discussoqui, con quelle scientifiche reali su quali sono i fatti empirici. Lo scientismo è sempre presente e ripeto quello che Wittgenstein ci ha detto molto tempo fa.

"I filosofi vedono costantemente il metodo della scienza davanti ai loro occhi e sono irresistibilmente tentati di porre e rispondere alle domande come fa la scienza. Questa tendenza è la vera fonte della metafisica e conduce il filosofo in completa oscurità." (BBB p18)

È mia contesa che la tabella dell'intenzionalità (razionalità, mente, pensiero, linguaggio, personalità, ecc.) che figura in primo piano qui descrive più o meno accuratamente, o almeno serve come euristica per, come pensiamo e ci comportiamo, e quindi comprende non solo la filosofia e la psicologia, ma tutto il resto (storia, letteratura, matematica, politica ecc.).

La chiave per la società è la biologia, ed è l'ignarietà che sta portando la maggior parte del mondo a sposare ideali utopici suicidi che portano inesorabilmente all'inferno sulla Terra. Lo descrivo in dettaglio nei miei libri 'Suicidal Utopian Delusions in the 21st Century' 4th ed. (2019) e 'Suicide by Democracy: an Necrologi for America and the World' 2nd ed. (2019).